Monika Leonhardt
Mein kalter Bruder Januar

Monika Leonhardt

Mein kalter Bruder Januar

Rediroma-Verlag

Bibliografische Information der Deutschen Nationalbibliothek:
Die Deutsche Nationalbibliothek verzeichnet diese Publikation in der Deutschen Nationalbibliografie; detaillierte bibliografische Daten sind im Internet über http://portal.dnb.de abrufbar.

ISBN 978-3-98527-790-2

Umschlagillustration: Miceking (Cover), Evannovostro, Solid photos, AGCreations, Dieter Kuhn, Thomas Kreulen, J Walters (shutterstock.com)

www.rediroma-verlag.de
14,95 Euro (D)

Inhalt

01. Januar

Das Unschuldslamm

Mein Name ist Mimi und ich muss euch unbedingt erzählen, was mir vorgeworfen wird.

Aber zuerst will ich mich vorstellen, damit ihr wisst, mit wem ihr es zu tun habt. Ich bin eine kleine schwarze Katze, Freigängerin selbstverständlich. Nö, ich lasse mich doch nicht einsperren. Auf mein dringendes Verlangen hin hat meine Futtermeisterin in jede Tür, die nach außen führt, eine kleine Tür (sie nennt es Katzenklappe) einbauen lassen, damit ich zu jeder Tages- und Nachtzeit ein- und ausgehen kann. Das ist ganz toll und ich nutze jede Gelegenheit, die sich bietet, um raus- und reinzukommen.

Nun ist heute ja der 01. Januar, der Neujahrstag, der uns eine eisige Überraschung mitgebracht hat. Das Wetter hat uns alle mit Frost und Glatteis beglückt. Ich meine, mir macht das nichts aus, ich habe vier Tatzen und einen dichten schwarzen Pelzmantel. Ich kann nicht frieren und hinfallen kann ich auch nicht. Ha, ha, mit vier Pfötchen kann man sogar bei Glatteis sicher und ohne hinzufallen seine Runden drehen. Deshalb bin ich auch lustig und fröhlich nach draußen gegangen, um mal nachzuschauen, was da bei den Zweibeinern so abgeht. Hm, habe leider keinen auf zwei Beinen entdecken können. Sie sind schon komische Geschöpfe. Auf zwei Beinen das Eis betreten, das trauen sie sich nicht. Aber sie setzen sich ohne Hemmungen in diese Blechkisten mit vier Rädern rein, die sie Autos nennen. Sie denken wohl, wenn sie sich auf Gummireifen bewegen, kann ihnen nichts passieren.

Ich bin also aus meiner privaten Ein- und Ausgangstür ins Freie geschlüpft und den Vorgartenweg bis zum Gehweg gelaufen. Als wohlerzogene vorsichtige Katze bin ich selbstverständlich an der Bordsteinkante stehen geblieben, um den vierrädrigen Brummkisten den Vortritt zu lassen. Die Dinger sind gefährlich und ich bin nicht lebensmüde. Einer dieser tapferen Helden, die am frühen Neujahrsmorgen bei Glatteis meinten, ihre beiden zitternden Beine vier Gummireifen anvertrauen zu müssen, lenkte sein stinkendes Ungeheuer die Straße runter. Kaum hatte er mich am Straßenrand entdeckt, machte er den Fehler seines Lebens. Er trat voll in die Bremse und was glaubt ihr, was geschah? Genau, er geriet ins Schleudern und sein von ihm heiß geliebter Vierreifenfreund machte sich selbstständig und vollführte einen merkwürdigen Tanz, der keiner Choreografie folgte. Lustig anzuschauen, dieses Hin und Her, dieses Rundherum und kein Ende in Sicht. Vorsichtshalber bin ich von der Bordsteinkante weggesprungen und habe mich hinter der

Tujahecke unseres Vorgartens in Sicherheit gebracht. Aus meinem Versteck heraus sah ich, dass der Tanz des Vehikels erst durch die Klugheit der Straßenrinne beendet wurde, die dem Hin und Her und dem Rundherum energisch Einhalt gebot.

Die Stinkkiste samt Zweibeinerinhalt stand nun entgegen der Fahrtrichtung halb auf der Straße und halb an der Bordsteinkante, als das nächste Ungeheuer sich näherte und genau denselben Fehler beging. Ja, der Held mit den tollen Fahrkünsten bremste heftig und sein geliebter gehätschelter blank polierter fahrbarer Untersatz begann sein eigenes Süppchen zu kochen und scheute sich nicht, sein unkontrolliertes Tänzchen zu vollführen. Hei, war das lustig. Ich schaute amüsiert zu und als es laut plopp, plopp, plopp machte, war der Tanz beendet. Diesmal kam der Schlussakkord nicht von der Bordsteinkante, sondern von dem ersten Ausgebremsten, der immer noch halb in der Straßenrinne und halb auf der Straßenmitte verweilte. Na, ja, freiwillig tat er das ja nicht, eher wurde er durch die widrigen Umstände dazu gezwungen.

Durch das laut zu hörende plopp, plopp, plopp wurde auch meine Futtermeisterin auf das Geschehen vor ihrer Haustür aufmerksam gemacht. Sie öffnete die Haustür und erfasste sofort, was geschehen war. Sie sah auch, dass ich mich in der Tujahecke versteckt hatte. Ein kurzes Nicken mit dem Kopf, „komm rein“, gab mir Gelegenheit, an ihr vorbei durch die offene Haustür ins Haus zu flüchten. Eigentlich hätte ich ja gar nicht flüchten müssen, denn ich hatte doch überhaupt nichts getan. Und man wird ja wohl noch auf dem Bordstein sitzen dürfen, oder? Trotzdem hatte ich ein wenig Bammel, dass sie mit mir schimpfen würde. Zur Sicherheit habe ich mich dann auch noch auf den Wohnzimmerschrank verzogen. Dort sucht sie mich eigentlich nie.

Was vor der Haustür weiter passierte, habe ich ja nicht mehr gesehen, aaaaber ich habe gehört, dass dort geschimpft und krakeelt wurde und dass lautstark nach der Polizei gerufen wurde, weil eine schwarze Katze über die Straße gelaufen sein sollte. Waaaas? Gelogen, gelogen! Ich habe nur auf dem Randstein gesessen, sonst nichts. Angelockt durch den Lärm zeigten sich jetzt einige Nachbarn vor ihren Haustüren. Rausgehen mochte wohl niemand, denn die Wege waren spiegelglatt und soooo groß war die Neugier dann doch nicht, dass man dafür einen Sturz riskieren wollte. Meine Futtermeisterin hat mich aber tapfer verteidigt. Sie hat dem unverschämten Lügner entgegengeschleudert, dass die schwarze Katze ihr gehöre und dass sie vom Küchenfenster aus gesehen hatte, dass das Kätzchen eben nicht über die Straße gelaufen, sondern brav auf dem Randstein sitzen geblieben ist. Gleiches hat auch unsere Nachbarin bestätigt. Danke dafür. Bei Gelegenheit werde ich mich auf meine Art überschwänglich bedanken. Ich könnte ihr z.B. die Blumenzwiebeln ausgraben, die sie im Herbst versteckt hat, und jetzt findet sie gewiss die Plätze nicht mehr, wo die braunen Knollen auf ihre Befreiung warten. Mal sehen, wenn der Frost nachlässt, mache ich mich mal an die Arbeit. Ja, das wäre ein würdiges „Dankeschön“ dafür, dass sie mir den Popo gerettet hat.

Ich war ja sooooo stolz auf meine Futtermeisterin, dass sie mich verteidigt hat. Gut, ich werde mich jetzt auch dankbar zeigen und extra für sie eine Maus jagen, die ich ihr schenken werde. Sie freut sich immer ganz heftig, wenn sie ein solch tolles Geschenk von mir bekommt. Sie quiekt vor Begeisterung immer ganz laut und hüpft vor Freude von einem Bein auf das andere. Ja, das ist wahre Freude. O.K. ich ziehe nachher los und gehe auf die Jagd. Wenn ich dann erfolgreich war, trage ich meine Beute ganz sorgfältig nach Hause und als Steigerung meiner Dankbarkeit schiebe ich die Maus in ihre Pantoffeln. Ich glaube, darüber freut sie sich noch viel, viel mehr, als wenn ich ihr die Maus nur vor die Füße lege. Ich glaube es nicht nur, sondern ich weiß es ganz genau. Jedes Mal, wenn ich ihr meine Geschenke in die Pantoffeln schiebe, quiekt sie vor lauter Freude noch lauter als sonst und ihre Sprünge sind wirklich lustig anzusehen. Ja, so mach ich das. Und jetzt gehe ich erst mal ne Runde schlafen nach dieser Aufregung.

02. Januar
Die Versuchung

Wer kennt sie nicht, die Versuchung? Oft ist sie harmlos, und man gibt ihr gerne nach. Manchmal aber ist sie gefährlich und böse. Sie lockt uns, Dinge zu tun, die wir zwar gerne tun möchten, die uns unsere gute Erziehung, unser guter Charakter und unser vernünftiger Menschenverstand aber verbieten. Erschrocken stellen wir fest, dass nicht nur das Gute in uns schlummert, sondern dass auch das Böse in den Tiefen unseres Unterbewusstseins lauert. Da hat uns z.B. ein rücksichtsloser Autofahrer die Vorfahrt genommen, und es wäre beinahe zu einem schweren Unfall gekommen. Da steigt Groll in uns hoch, und wir wünschen dem

Verursacher, dass er sich mit seiner Luxuskarre um den nächsten Baum wickelt. Grrr, so groß ist unser Zorn, der aber bald schon den Rückzug antritt. Wir besinnen uns, es steigt in unser Bewusstsein auf, dass wir gerade jemandem den Tod gewünscht haben. Augenblicklich schämen wir uns für diese böse Reaktion auf eine Gefahrensituation, die jedoch glimpflich ausgegangen ist.

Nicht so bei Schwester Marina, die seit einigen Jahren ihren Dienst als Intensivpflegerin versah. Ihr Groll hatte sich im Laufe der Jahre nicht verflüchtigt, nein, er steigerte sich sogar noch von Jahr zu Jahr. Zu quälend war die Erinnerung an jene Ereignisse, die auch nach vielen Jahren nach Rache schrien. Wohl an die tausend Mal hatte sie in Gedanken den Verursacher dieses Traumas kalt und grausam zu Tode gequält. Sie gab diesen Forderungen ihres Unterbewusstseins allerdings nicht nach, sondern arbeitete aktiv an der Überwindung solch gruseliger Gedanken und Vorstellungen. Sie verschrieb sich nun mit Herz und Seele der Pflege von schwerstkranken Menschen hingebungsvoll und umsorgte die ihrer Pflege anvertrauten Patienten auf der Intensivstation des Universitätsklinikums in einer süddeutschen Großstadt. Nach zwei Horror-Schicksalsschlägen, die sie heimgesucht hatten, hatte sie ihre norddeutsche Heimat aufgegeben und fand einen neuen Lebens- und Wirkungskreis in jener Uni-Klinik. Sie bezog ein Mini-Appartement auf dem Klinikgelände, sodass sie jederzeit einsatzbereit war. Nichts konnte ihr den Dienstantritt auf ihrer Station unmöglich machen. Keine Wetterkapriolen, kein Glatteis, kein Schneefall konnten ihrer Pünktlichkeit und Zuverlässigkeit einen Strich durch die Rechnung machen. Die hundert Meter zwischen ihrer kleinen Wohnung und der Klinik waren in jeder Situation für sie überwindbar.

Bei ihren Kolleginnen und Kollegen sowie bei den Ärzten war Schwester Marina sehr beliebt und anerkannt. Man schätzte ihre Zuverlässigkeit, ihre Empathie und ihre unschätzbare Hingabe zu den ihr anvertrauten Patienten. Obwohl sie auch im Umgang mit den anderen Schwestern und Pflegern stets korrekt, freundlich und sehr hilfsbereit war, wurde sie dennoch unterschwellig gemieden. Sie trug ein Geheimnis in sich, das sie unnahbar erscheinen ließ, und ihre Körpersprache drückte aus, dass sie emotionale Nähe nicht dulden würde. Ihre vermeintliche Unnahbarkeit trübte allerdings nicht das gute kollegiale Verhältnis. Die Kollegen akzeptierten ihre verschlossene Art, wenn der Privatbereich berührt wurde, und so kamen sie gut miteinander aus. Auf fachlicher Ebene kommunizierten sie perfekt miteinander.

Der zweite Tag des neuen Jahres zeigte sich nicht von seiner besten Seite. Starker Schneefall hatte eingesetzt und behinderte den Straßenverkehr massiv. In der eiskalten Nacht waren die am Vortag geräumten vereisten Straßen wieder zugefroren und der Neuschnee bedeckte die neu entstandenen Eisflächen in Minutenschnelle. Chaos brach aus auf allen Straßen, denn weder der Schneepflug noch die Streudienste konnten so schnell räumen, wie es eigentlich erforderlich gewesen wäre. So wunderte sich Schwester Marina nicht, als das Telefon klingelte und sie gebeten wurde, den Dienst einer Kollegin zu übernehmen, die im Schneechaos stecken geblieben war. Darum musste man Schwester Marina nicht zweimal bitten. Sofort legte sie ihre Arbeitskleidung an, warf ihren Mantel über und kämpfte sich am frühen Morgen über vereiste und verschneite Wege zu ihrer Arbeitsstelle.

Der Nachtdienst übergab die Patienten nun in die Obhut von Schwester Marina in der Gewissheit, dass sie in guten Händen waren.

Kaum hatte sie sich orientiert, welche Patienten sie übernommen hatte, klingelte das Stationstelefon und die Neurologie kündigte die Verlegung eines Schwerstkranken an, der am Guillain-Barré-Syndrom in seiner schwersten Form litt. Die Lähmung hatte seinen ganzen Körper bis zur unteren Gesichtshälfte befallen und nun drohte sie auch noch die Lungenmuskeln zu lähmen. Er musste also schnellstens an die Beatmungsmaschine angeschlossen werden. Schwester

Marina bereitete sofort alles für die Beatmung vor, zwei Ärzte waren mittlerweile anwesend und im gleichen Augenblick wurde der Patient auch schon gebracht. Eile war geboten und es blieb Schwester Marina keine Zeit, in die überbrachte Patientenakte hineinzuschauen. Mit routinemäßiger Sicherheit assistierte sie den beiden Ärzten bei jedem Handgriff. Sie wusste, welche Instrumente gebraucht wurden, und reichte sie den beiden Ärzten in der richtigen Reihenfolge an. Schnell nahm das Beatmungsgerät seine lebensrettende Tätigkeit auf. Auch die übrigen Mess- und Überwachungsapparate konnten ihre Aufgaben sehr schnell erfüllen.

Erst nachdem alle notwendigen Handgriffe mit großer Sorgfalt ausgeführt waren, kehrte Marina ins Schwesternzimmer zurück, um auch die schriftlichen Aufgaben zu erledigen, die immer anfallen, wenn ein neuer Patient in die Intensivabteilung aufgenommen wird. Als Erstes griff sie nach der Patientenakte, die bei der Verlegung des Patienten von der neurologischen Abteilung der Abteilung Intensivmedizin übergeben wurde.

Sie wartete noch auf die Anweisungen des diensthabenden Arztes, welche Medikation für diesen schwerstkranken Mann angeordnet werden würde. Sie wusste aus Erfahrung, wie groß die Schmerzen waren, von denen die GBS-Patienten gepeinigt wurden. Da war ihr Mitgefühl riesengroß und es war für sie immer beruhigend, wenn sie das Schmerzmittel in die Dauerinfusion eingebracht hatte. Sie wusste, dass das den Leidenden für viele Stunden schmerzfrei hielt.

Um die Zeit nicht ungenützt vergehen zu lassen, griff sie wieder zu der Patientenakte, und dann sah sie den Namen, Clemens Birkass. Das unangenehme Kribbeln in ihrer Magengegend explodierte förmlich, als sie sein Geburtsdatum sah. Er war es! Ihr Todfeind! Sie wurde leichenblass, zitterte am ganzen Körper und die Wände um sie herum begannen sich zu drehen. Sie schrie auf und verlor jeglichen Halt, als sie versuchte aufzustehen, um das Fenster zu öffnen. Sie hatte das Gefühl, nicht mehr atmen zu können. Stöhnend sank sie auf ihrem Schreibtischstuhl zusammen.

Dieser Schrei und das Stöhnen blieben nicht unbemerkt. Dr. Schröder, der gerade in diesem Moment am Schwesternzimmer vorbeieilte, spürte instinktiv, dass ein Mensch in arger Not war. Noch bevor er bewusst reagieren konnte, hatte sein Gefühl ihm Alarmzeichen gesendet. Seine Intuition, die ihm schon oft Signale gesandt hatte und auf die er sich verlassen konnte, befahl ihm, sofort zu Hilfe zu eilen. So betrat er das Schwesternzimmer und sah, dass Schwester Marina ohnmächtig auf ihrem Stuhl zusammengesunken war. Er unternahm sofort alles, was in seiner ärztlichen Macht stand, um ihr zu helfen.

Es dauerte nur wenige Minuten und Marina öffnete die Augen. Sofort hatte sie wieder das Gesicht ihres Todfeindes vor Augen. Nachdem sie sich wieder gefasst hatte, wusste sie, was zu tun war. Ihre sprichwörtliche Ruhe und Besonnenheit waren wieder zurückgekehrt und sie fühlte sich wieder stark genug, ihren Dienst fortzusetzen.

Dr. Schröder bestand aber darauf, dass sie sich im Ruheraum der Ärzte ein wenig hinlegen müsse. Waren auch ihre Werte wieder normal, so könne eine Erholungspause trotzdem ihr Befinden wieder auf das normale Maß anheben. Die Vernunft siegte natürlich bei Schwester Marina und sie begab sich, wenn auch etwas widerwillig, zum Ruheraum. Beruhigend für sie war die Tatsache, dass sich mittlerweile eine weitere Kollegin durch das Eis- und Schnee-Chaos gekämpft und ihren Dienst angetreten hatte, sodass die Station nicht sich selbst überlassen blieb.

Sie legte sich auf die Liege und ruhte ihren Körper aus, um ihre Leistungsfähigkeit wieder auf das gewohnte Maß anzuheben. Ja, das gelang auch leidlich. Eine viel größere Anstrengung verlangte allerdings das Ordnen ihrer Gedanken und Gefühle. Sie setzte sich auf, denn im Liegen wollte das Gefühls- und Gedankenkarussell einfach nicht anhalten. Erst in aufrechter Position, auf dem Rand der Liege sitzend, konnte sie wieder klar denken.

Clemens Birkass, dem sie jahrelang einen qualvollen langsamen Tod gewünscht hatte für alles, was er ihr und ihrer Tochter angetan hatte … Sie lachte kurz auf – jetzt, ja, jetzt lag er vollkommen hilflos ein paar Meter von ihr entfernt und sie hätte die Gelegenheit, ihre Rache auszuführen. Er war völlig gelähmt, konnte nur noch seine Augen bewegen. Sein Gehör war noch intakt und auch seine Wahrnehmung war nicht eingeschränkt. Er konnte sehen und hören, aber er konnte sich nicht äußern. Das war die Gelegenheit, die sie seit mehr als zehn Jahren herbeigesehnt hatte. Sie wollte ihn bestrafen und sie würde ihn bestrafen, jetzt, wo er ihr ausgeliefert war. Schwester Marinas sanfte, verständnisvolle, aufopferungswillige Eigenschaften wurden radikal überlagert von sadistischen Szenarien, die sich in ihrer Fantasie abspielten. Er sollt leiden, unendlich grausam wollte sie ihn ganz langsam zu Tode quälen. Sie schüttelte heftig den Kopf, aber nicht aus Entsetzen über ihre bitterbösen Pläne, sondern über die Tatsache, dass sie mit Clemens Birkass einmal verheiratet gewesen war und dass sie eine Tochter hatten, die sich das Leben genommen hatte.

Liebe ist eine starke Macht, aber Hass ist stärker, das spürte sie jetzt ganz deutlich. All ihre Liebe, die sie in den letzten Jahren in ihren Beruf gelegt hatte, verblasste nun im Angesicht der Gelegenheit, Rache ausüben zu können. Sie empfand Freude darüber, dass ihre dunkle Seite sich wieder gemeldet hatte und ihr den Weg zeigte, wie sie die verschütteten, vergrabenen Mordgedanken in die Tat umsetzen konnte. Sie hatte sich mehr als zehn Jahre der Illusion hingegeben, dass Liebe die dunklen Triebe in ihr besiegen würde. Das war nicht geschehen, der Hass war stärker. Sie würde Clemens Birkass töten. Erst dann könne die Seele ihrer toten Tochter in die friedvolle Ewigkeit eingehen.

Sie atmete tief durch, fühlte sich wieder stark und mächtig. Nun war sie bereit, das zu tun, was in ihrer Wahrnehmung nötig war. Es gelang ihr, ihre Persönlichkeit aufzuteilen in den liebenden Teil, der sich rührend und voller Hingabe den schwerkranken Menschen auf der Intensivstation widmete, und in den hasserfüllten, todbringenden Teil, der Clemens Birkass zugewandt war.

Sie wusste, dass sie etwa zehn Tage lang Zeit hatte, ihre dunklen Fantasien an ihm auszuleben. So lange würde das Guillain Barré Syndrom ihn in seinen Lähmungen gefangen halten. Seine Fähigkeit, sich mitteilen zu können, würde ab dann täglich besser werden. Aber diesen Tag würde er nicht mehr erleben.

Emotional so aufgeheizt durch ihre Rachefantasien begab sie sich nun zu ihm, um ihm zu zeigen, dass sie ihn erkannt hatte, ja um ihm Angst einzujagen. Eine satanische Freude leuchtete aus ihren Augen, als sie an sein Bett trat, ganz nahe an seinen Kopf, damit er sie auch sehen und hören konnte. Die fiependen und piepsenden Geräte und das Beatmungsgerät, das schnaufte wie ein alter Blasebalg in einer Schmiede, sollten kein Hindernis sein, ihm ihre Worte ins Ohr zu flüstern.

„Clemens Birkass, erkennst du mich?"

Er öffnete die Augen und das Entsetzen, das ihn gepackt hatte, erkannte Marina an den unruhigen suchenden Augen, die sie als sicheres Zeichen deutete, dass er sie erkannt hatte. Da die teuflische Krankheit nur seine körperlichen Funktionen lahmgelegt hatte, er aber sehr wohl klar bei Verstand war, erkannte er die tödliche Gefahr, in der er schwebte. Das Grauen, das nun in ihm hochkroch, war unbeschreiblich. Hilflos, wehrlos und verzweifelt wehrte er sich mental gegen seine ehemalige Ehefrau Marina Birkass, die nach der Scheidung wieder ihren Geburtsnamen Gastreiner angenommen hatte. Drohend und rachedurstig stand sie ganz nah bei ihm und so sehr sein Verstand wünschte, sie zur Seite stoßen zu können, so hartnäckig verweigerte sein Körper die Ausführung der Befehle. Nichts, absolut nichts konnte er bewegen. Er konnte nicht einmal den Mund öffnen, um durch Schreie auf sich aufmerksam zu machen.

„Erinnerst du dich, Clemens Birkass, an unsere Tochter Melanie, die du in den Selbstmord getrieben hast?“

Nachdem sie ihm diese beiden Fragen zugeflüstert hatte, verließ sie seine Nische, die nur durch eine Spanische Wand vom jeweiligen Nachbarbett getrennt war. Sobald

Schwester Marina sich einem anderen Intensivpatienten zuwendete, war sie wieder sanft, freundlich und mitfühlend, so, wie man sie auf dieser Station kannte und schätzte. Dr. Schröder, der sie bei ihrem Schwächeanfall betreut und verarztet hatte, schaute kurz rein.

„Alles wieder in Ordnung, Schwester Marina?"

„Ja, danke, ich bin o.k., und Danke nochmal für Ihre Hilfe!"

Er lächelte ihr aufmunternd zu und war in der nächsten Sekunde schon wieder verschwunden. Marina, die mittlerweile ihre gewohnte Gelassenheit wiedererlangt hatte, tat ihre Arbeit wie immer zuverlässig und mit voller Konzentration und Routine.

Kurz bevor ihre Schicht endete, sah sie noch einmal nach Clemens Birkass. Die Monitore, die die körperlichen Vitalfunktionen seines Körpers anzeigten und registrierten, schlugen heftig an und die Kurven stiegen beängstigend steil nach oben. Panik war in seinen Augen zu lesen. Marina lächelte und flüsterte abermals in seine intakten Ohren.

„Ich werde dich töten, aber vorher wirst du leiden wie nie ein Mensch zuvor!“

Marina war sich völlig darüber im Klaren, dass ihr Verhalten und ihre Drohungen ihr das Genick brechen würden. Sobald Clemens bei seiner Genesung wieder würde sprechen können, wäre ihre Zeit abgelaufen. Man würde sie verhaften und ins Gefängnis bringen. Sie nahm sich vor, darüber nachzudenken, ob sie sich auf einen psychischen Ausnahmezustand würde berufen können. Sie würde dann vielleicht milder bestraft werden. Sie schob diese Gedanken zunächst einmal von sich weg, sie würde sich später damit beschäftigen.

Ein wenig verwirrt und geistesabwesend übergab sie die Schichtprotokolle und -aufzeichnungen ihrer Schicht an die Ablösung. Schwester Karin, die die Mittagschicht übernahm, wunderte sich ein wenig, denn so zerstreut und konfus hatte sie Marina noch nie erlebt. Sie machte sich allerdings keine weiteren Gedanken darüber, zumal bei ihrem ersten Rundgang über die Station alles in Ordnung war. Alle Patienten waren optimal versorgt, es gab nichts zu bemängeln. Wie wichtig die Schichtübergabe an jenem 02. Januar war, stellte sich erst ca. zehn Tage später heraus, als Clemens Birkass wieder sprechen konnte.

Marina Gastreiner kehrte nun zurück in ihre kleine Wohnung. Völlig erschöpft ließ sie sich auf ihren Ohrensessel fallen, um sich ein wenig auszuruhen. Nein, es waren nicht die körperlichen Anstrengungen, die sie fast zur totalen Erschöpfung ausgelaugt hatten, sondern es waren die alten psychischen Wunden, die mit gnadenloser Wucht wieder aufgerissen wurden. Der Schmerz von damals schüttelte sie mit unvergleichlicher Heftigkeit. Hatte sie geglaubt, dass die Zeit alle Wunden heilen würde, war es nun vorbei mit diesem naiven Glauben. Alles, alles kam wieder ins Licht, das vorher in einer dunklen Ecke ihres Unterbewusstseins verborgen war. Wenn sie auch geglaubt hatte, dass sie ein neues Leben in einer anderen Stadt beginnen könnte, sah sie sich heute in diesem Glauben nicht bestätigt. Die

Schatten der Vergangenheit begleiteten sie überall hin und heute traten die dunklen Ereignisse wieder mit noch nie da gewesener Heftigkeit erneut in ihr Leben.

Sie erhob sich aus ihrem bequemen Ohrensessel, bereitete sich eine Kanne Kaffee, kehrte zum Sessel zurück und überließ sich willig den hochquirlenden bösen Erinnerungen. Sie hatte keine Kraft mehr, ihre Wut, ihr Verlangen nach Vergeltung niederzudrücken. Sie öffnete alle Schleusen und ungebremst strömten die grauenvollen Bilder der Vergangenheit wieder in ihr Bewusstsein.

An jenem Abend vor mehr als zehn Jahren war ihre Tochter Melanie bis zum späten Abend nicht nach Hause gekommen. Sie war doch erst 15 Jahre alt und hatte noch keine Erlaubnis, selbst bestimmen zu dürfen, wann sie nach Hause gehen möchte. Es war vereinbart, dass sie spätestens um 20 Uhr zu Hause zu sein hatte. Meistens klappte es ja auch, nur manchmal gab es kleine Verspätungen, die aber weder dramatisiert noch gutgeheißen wurden. Sie bewegten sich absolut im Rahmen des akademischen

Viertels, jener sagenhaften Viertelstunde, die zu akzeptieren war. Es gab also keinen Grund zur Besorgnis, als Melanie zur vereinbarten Zeit noch nicht zu Hause war. Als aber die Viertelstunde Zusatzzeit verstrichen war, ohne dass das Mädchen nach Hause kam, meldeten sich bei Marina Ängste, die sie nie zuvor gekannt hatte. Als der Druck in ihr immer größer wurde, teilte sie Clemens ihre Ängste mit.

„Ach“, wiegelte er ab, „du immer mit deiner übertriebenen Besorgnis. Sie wird erwachsen und hat es vielleicht satt, immer nach deiner Pfeife tanzen zu müssen. Jetzt mach bloß keine Panik hier, sie wird schon bald hier auftauchen.“

Sie tauchte nicht auf. Als 22 Uhr vorüber war, hielt Marina es nicht mehr aus. Sie forderte Clemens nun ziemlich ruppig auf, sich mit ihr zusammen auf die Suche zu begeben. Er hatte das Auto sowieso noch nicht in die Garage gefahren, sodass sie sofort mit ihrer Suchfahrt starten könnten. Zuvor hatte Marina Melanies Klassenkameraden der Reihe nach angerufen in der Hoffnung, dass jemand wusste, wo sie abgeblieben war. Nichts, niemand wusste etwas über Melanies Aufenthalt. Sie fuhr jetzt mit Clemens ziellos durch die Straßen der Stadt mit der vagen Vermutung, dass sie ihre Tochter finden würden. Nach mehr als einer Stunde sah auch Marina ein, dass diese Art der Suche nicht erfolgreich sein würde. Also kehrten sie nach Hause zurück. Den Wagen ließen sie wieder vor dem Haus stehen für den Fall, dass Melanie irgendwo abgeholt werden wollte.

Kurz vor Mitternacht hielt Marina die Angst, die jetzt zur Panik angewachsen war, nicht mehr aus. Sie rief bei der Polizei an und bat dringend um Hilfe, da ihre 15jährige Tochter nicht nach Hause gekommen war.

„Wir schicken einen Streifenwagen“, war die lapidare Antwort, die sie bekam. Ihre Nerven waren aufs Äußerste angespannt und sie fühlte sich abgewimmelt von der Stimme am Telefon.

„Clemens, tu doch was. Du sitzt nur da und starrst Löcher in die Wand!“

Und als er antwortete, „jetzt werd‘ mal nicht hysterisch“, da war es vorbei mit ihrer Selbstbeherrschung. Sie beschimpfte ihn als Ignoranten, als gefühlloses Monster, als eiskalten Egoisten, der keinerlei Verständnis aufbringen könne für andere Menschen. Ein Mann, der sich immer nimmt, was er gerade haben will, ohne Rücksicht auf Interessen oder Gefühle seiner Mitmenschen. Zum ersten Mal in ihrer Ehe spürte sie Hass gegen ihn. Die Auseinandersetzung wäre fast zu einem handgreiflichen Streit ausgeartet, wenn nicht das Blaulicht, das man jetzt draußen wahrnehmen konnte, die Ankunft der Polizei signalisiert hätte.

Marina eilte zur Haustür und ließ die Polizisten ins Haus. Es wurde kurz erklärt, dass Melanie seit ca. 20 Uhr vermisst wird. Die beiden Beamten notierten sich alle wichtigen Punkte und baten um ein Foto, auf dem das Gesicht des Mädchens gut zu erkennen wäre. Sie versprachen, dass die Suche noch in der Nacht beginnen würde. Als letztes fragte man, ob denn schon im ganzen Haus nach der vermissten Schülerin gesucht worden sei. Betretenes Schweigen bei Marina und Clemens zeigte an, dass dies noch nicht geschehen sei. Im Beisein der beiden Beamten durchsuchte man das ganze Haus vom Keller bis zu Dachboden. Melanie wurde nicht gefunden. Die Polizisten notierten, dass die Suche im Haus nicht erfolgreich war, und wandten sich gerade zum Gehen, als ihnen die Garage einfiel, in der noch nicht nach dem Mädchen gesucht worden war.

Das Garagentor wurde geöffnet und Marina schaltete die Beleuchtung ein. Die beiden Polizisten traten als Erstes ein und nach einer Schrecksekunde drängten sie Marina aus der Garage hinaus, damit sie nicht sehen musste, was sie nicht sehen wollte. Clemens stand merkwürdig starr und unberührt draußen und wandte seine Blicke ab, weg von der hell erleuchteten Garage, die zum Sterbeort eines blutjungen Mädchens geworden war. Melanie lag in einer riesigen Blutlache. Neben ihrer rechten Hand lag noch die Rasierklinge, mit der sie sich die

Halsschlagader und die Pulsader der linken Hand geöffnet hatte.

Marina konnte und wollte nicht glauben, was sie im hellen Licht der 500 Watt Lampe sah. Ihr Kind, ihr geliebtes kleines Mädchen, lag tot in seinem eigenen Blut. Keine Worte können beschreiben, was in Marina vorging. Sie wollte schreien, aber ihre Kehle gehorchte ihr nicht, sie wollte weinen, aber nicht eine einzige Träne fand den Weg heraus aus ihrer gepeinigten Seele. Sie wollte, wollte, wollte …, aber nichts, was sie wollte, gelang ihr. Sie war erstarrt und ihr war, als wäre alles Leben in ihr beim Anblick ihres toten Kindes erloschen. Die Welt um sie herum schien nicht mehr zu existieren, es gab nur noch sie und ihr totes Kind. Dieses grausige Bild brannte sich in ihre Erinnerung ein und konnte zeitlebens nicht mehr gelöscht werden. Sie bemerkte nicht einmal mehr, dass einer der Polizisten ihr ein Stück Papier in die Hand gab, das neben Melanies Leiche gelegen hatte. Erst nach endlosen Minuten schaute sie auf das Papier in ihren

Händen und sie erkannte Melanies Handschrift.

„Ich kann nicht mehr, Mama, bitte verzeih mir."

Wie verzweifelt sie war und wie sehr ihre Hand beim Schreiben gezittert haben musste, schleuderte die krakelige Schrift ihr vorwurfsvoll entgegen. Sie war Melanies Mutter und hatte die Verzweiflung ihres kleinen Mädchens nicht einmal bemerkt. Das war zu viel und ihre gepeinigte Seele explodierte förmlich in einem übermenschlichen Schrei, der überhaupt nicht mehr verstummen wollte. Mittlerweile waren – von ihr unbemerkt – weitere Personen eingetroffen, die die notwendigen Schritte einleiteten, welche nötig waren, wenn ein ungeklärter Todesfall zu beklagen war. Sie versuchten abwechselnd, die schreiende Mutter zu beruhigen, was niemandem gelang, bis jemand sie sanft am Arm fasste und sie behutsam aus der gespenstischen Szene hinausführte. Willig ließ sie sich ins Haus begleiten. Ihr Schreien war nun übergegangen in ein hemmungsloses Weinen, das erst nachließ, als der Arzt, der an ihrer Seite war, ihr ein Beruhigungsmittel gespritzt hatte. Sie ließ alles über sich ergehen. Ihr war, als wenn sie auch gestorben wäre. Nachdem das hoch dosierte Beruhigungsmittel seine Wirkung entfaltet hatte, kehrte Ruhe in ihrem aufgewühlten Inneren ein. Ihre gequälten Gefühle verließen sie im Minutentakt, zurück blieb nur eine lähmende Leere. Kein Leid mehr, keine Selbstvorwürfe, keine Fragen mehr nach dem Warum, nichts mehr, nur noch Leere. Eine innere Starre hatte Marina befallen, die sie zunächst als angenehm empfand, die aber später verhinderte, dass sie in ihr normales Leben zurückfinden konnte.

Clemens, was war mit Clemens, wo war er? Warum war er nicht an ihrer Seite? Hätten sie sich nicht gegenseitig stützen müssen? Solche Gedanken begannen nun in ihrem Kopf zu kreisen. Sie kam zu keinem Ergebnis, wohl auch wegen der nun voll einsetzenden Wirkung des Beruhigungsmittels. Der Arzt, der immer noch bei ihr saß, war sehr beunruhigt über ihren Zustand. Auch wenn die Sedierung die Symptome in gewisser Weise verschleierte, hieß das noch lange nicht, dass ihr psychischer Zustand es auch zuließ, sie alleine zu lassen. Er riet Marina dringend, sich mit dem bereitstehenden Rettungswagen in die Klinik bringen zu lassen, in der man sie nach den jeweiligen Erfordernissen gezielt behandeln würde.

„Clemens, wo ist Clemens?“

Insgeheim wunderte sich der Notarzt auch, warum der Vater des toten Mädchens nicht bei seiner Frau war, um ihr Beistand zu leisten.

„Er wird nachkommen, Frau Birkass, ganz bestimmt. Vielleicht muss er der Polizei zur Verfügung stehen, die mit Sicherheit eine Menge Fragen hat, die nur die Eltern beantworten können.“

Marina nickte stumm und versuchte, ein paar Sachen für einen Klinikaufenthalt zusammenzupacken. Sie war ja Krankenpflegerin und wusste, was sie brauchen würde. Eine nette Polizistin, die – von Marina unbemerkt – auch anwesend war, half ihr beim Packen, da sie selbst keiner gezielten Handlung mehr fähig war, teils wegen des

Schocks, der ihr jegliche Konzentrationsfähigkeit raubte, aber auch wegen der sedierenden Wirkung des Beruhigungsmittels.

In der Klinik kümmerte man sich rührend um sie und bald schien es ihr besser zu gehen. Ihre Verzweiflung über den Freitod ihrer kleinen Melanie war einer stillen tiefen Trauer gewichen. Melanies letzte Worte, hastig auf einen Zettel gekritzelt, kamen ihr immer rätselhafter vor. Was meinte das Kind damit, dass sie, die Mama, ihr verzeihen sollte? Sie konnte damit nicht ihren Suizid meinen, da musste es doch Gründe gegeben haben. Ein junges Mädchen bringt sich doch nicht aus heiterem Himmel um.
„Was, als Mutter, soll ich ihr verzeihen?" Diese Frage ließ Marina nicht mehr los. „Warum, warum, warum?" Dieses Warum geisterte immer wieder durch ihre Gedankenwelt.

Clemens, ihr Mann, ließ sich während ihres Klinikaufenthalts nur sehr selten sehen. Auch dahinter steckte ein „Warum?" Was verschwieg er ihr? Sie hatte das Bedürfnis, mit ihm über Melanie und ihre Gründe für den Selbstmord zu reden. Er entzog sich aber jedem ernsthaften Gespräch und wenn sie ihn drängte, wies er sie schroff zurück. „Lass mich in Ruhe damit, ich will darüber nichts hören."

Als sie nach dreiwöchigem Klinikaufenthalt entlassen wurde, musste zuerst Melanies Beerdigung organisiert werden. Ihre Urne wurde unter großer Anteilnahme aller, die Melanie gekannt hatten, in einem Friedwald am Fuße einer Buche beerdigt. Stumm und fast teilnahmslos wohnten sie und Clemens der Zeremonie bei. Seit Marina diesen Zusammenbruch erlitten hatte, war ihre Gefühlswelt wie tot. Vielleicht waren aber auch nur die Medikamente, die sie nehmen musste, die Ursache, warum sie nicht einmal mehr weinen konnte um ihr verlorenes Kind.

Zwei Tage nach der Beerdigung eröffnete Clemens ihr, dass er sich scheiden lassen wolle. Zu den vielen Warums kam nun noch ein weiteres Warum dazu. 16 Jahre lang waren sie verheiratet, zuerst sehr glücklich, aber nach ein paar Jahren nur noch gewohnheitsmäßig. Es war eine ganz normale Alltagsehe ohne große Höhen und Tiefen. Aber nun, da sie einander hätten stützen können, ja sogar hätten stützen müssen, wollte er sie verlassen? Warum? Warum? Warum? Fragte sie ihn nach dem Grund, antwortete er nur kurz angebunden, dass er keinen Grund angeben müsse. Es gelte das Zerrüttungsprinzip, und er hielt ihre Ehe schon lange für zerrüttet. Marina war zwar überrascht über seinen Wunsch nach einer Scheidung, musste sich selbst aber nach einigem Nachdenken eingestehen, dass auch sie ihre Ehe als nicht mehr haltbar einschätzte. Sein seltsames Verhalten, als Melanie verschwunden war, und seine gleichgültige Reaktion, als man sie tot in ihrem eigenen Blut in der Garage gefunden hatte, ließen in ihr die ersten Hassgefühle gegen ihn aufsteigen. Sie konnte sich ein normales Eheleben mit ihm nicht mehr vorstellen. Seit jenem Abend, als sie mit dem Auto losgefahren waren, um Melanie zu suchen, fragte sie sich immer häufiger, wieso der Wagen noch nicht in der Garage gestanden hatte. Wusste Clemens, was für ein grausiges Geheimnis die Garage barg? Wenn ja, wieso hatte er nichts gesagt? Wenn nein, warum hatte er das Auto nicht in die Garage gefahren, so, wie er es sonst jeden Tag tat? Schon wieder ein Warum. Ja, auch sie hielt das Aufrechthalten ihre Ehe nicht mehr für erstrebenswert. So stimmte sie also zu und die Scheidung wurde einvernehmlich vom Familiengericht geschieden. Große Auseinandersetzungen gab es nicht. Um das Haus wurde nicht gestritten, denn das gehörte ihr alleine. Sie hatte es von ihrer verstorbenen Mutter geerbt und Clemens war daran nicht beteiligt. Völlig zufrieden war sie, als sie auch ihren Geburtsnamen wieder angenommen hatte, alle Formalitäten waren erledigt und von da an hieß sie wieder Marina Gastreiner. Der Schlussstrich war endgültig gesetzt.

Marina versuchte nun, nachdem die Scheidung rechtskräftig geworden war, wieder in ein normales geregeltes Leben zurückzukehren. Sie nahm ihren Beruf als

Krankenschwester wieder auf und strebte eine Zusatzausbildung zur Intensivschwester an. Sie hatte Glück, denn recht schnell wurde ein Ausbildungsplatz frei, den sie dann übernehmen konnte. So verging ein Jahr und sie schloss ihre Ausbildung zur Intensivpflegerin mit Bravour ab. Dieses Jahr des Arbeitens und Strebens nach beruflichem Fortkommen hatte sie gestärkt. Den Freitod ihrer Tochter hatte sie immer noch nicht überwunden, aber ihre Aktivitäten lenkten sie von der unsäglichen Trauer ab. Das Einzige, was sie sich noch nicht zumuten konnte, war das Betreten von Melanies Zimmer. Eine seltsame Scheu hielt sie zurück, in Melanies Reich einzudringen. Nachdem sie nun ihr Zertifikat, das sie als ausgebildete Intensivpflegerin bestätigte, in Händen hielt, beschloss sie, endlich das Zimmer ihrer Tochter zu betreten, es zu lüften, aufzuräumen und zu putzen. Ja, es musste jetzt sein. Sie fühlte sich stabil genug. Das Einzige, was sie immer noch nicht überwunden hatte, war die Frage danach, warum Melanie in ihrer letzten Botschaft um Verzeihung gebeten hatte. Wahrscheinlich würde sie es nie erfahren. Deshalb vermied sie es, diese Fragen zu stellen. Fragen, auf die es keine Antworten gab, wollte sie künftig nicht mehr stellen. Sie war nun überzeugt, dass sie es emotional ertragen könne, Melanies Kleidung zur Kleidersammlung zu geben, ihre Bücher zu verschenken und wenige persönliche Dinge in einer kleinen Truhe aufzubewahren.

Alle diese Ereignisse gingen ihr durch den Kopf an jenem 2. Januar, als Clemens Birkass völlig hilf- und wehrlos als Guillain-Barré-Patient mit multiplen Lähmungen auf der Intensivstation eingeliefert wurde, auf der sie arbeitete. Sie spürte, dass die Zeit gekommen war, in der sie ihren Mordgedanken Taten folgen lassen würde.

In der Erinnerung an jenen Tag, als sie sich entschloss, Melanies Zimmer zu betreten, sprang sie wieder eine merkwürdige Angst an in einer nie vorher da gewesenen Heftigkeit. Es roch muffig und staubig in dem Jugendzimmer ihrer Tochter. Marina öffnete das Fenster ganz weit und Licht und Luft strömten herein, so, als hätten die beiden Elemente eine Aufgabe zu erfüllen. Mehr als ein Jahr Beklemmung und Trauer waren wegzuschaffen, damit das Leben wieder Einzug im ganzen Haus halten könne. Marina atmete tief durch, aber mit jedem Atemzug vergrößerte sich eine merkwürdige Hemmung in ihr. Sie fürchtete, etwas entdecken zu können, was sie erneut an den Rand des Wahnsinns bringen würde. Es widerstrebte ihr, in die Geheimnisse ihrer Tochter eindringen zu wollen. Trotzdem musste sie es tun, weil es der letzte Schritt war, der zur vollkommenen Bewältigung ihres Traumas notwendig war. Insgeheim hoffte sie auch, einen Hinweis zu finden, warum ihr Mädchen das Leben mehr fürchtete als den Tod.

Mit der ihr eigenen Sorgfältigkeit leerte sie nacheinander alle Schränke und alle Regale. Zum Schluss war nur noch der Schreibtisch zu leeren. Der Gedanke, dass sie im Begriff war, Melanie ein zweites Mal zu beerdigen, schmerzte sie sehr. An jedem Gegenstand, an jedem Kleidungsstück hing eine Erinnerung, die sie mit weggeben würde. Nein, sie wollte sich nicht wieder in Depression und Verzweiflung fallen lassen. Melanie war tot und Marina musste leben, das waren destruktive Gedanken, die sie sofort verwarf und umgehend veränderte. Melanie war tot und Marina wollte leben. Ja, das waren bessere Gedanken.

So motiviert wandte sie sich dem Schreibtisch zu, dem letzten zu bewältigenden Schritt zu ihrer vollkommenen Genesung. Sie fühlte sich stark genug, mit dem Aufräumen bzw. dem Leerräumen von Melanies Schreibtisch den Schlusspunkt zu setzen hinter ein qualvolles Jahr der Trauer und der Verzweiflung. Es kostete sie sehr viel Überwindung, denn sie hatte das Gefühl, mit dem Aufräumen des Schreibtisches einen Verrat an ihrer Tochter zu begehen. Sie war der Meinung, dass auch Jugendliche das Recht auf ihre eigene Privatsphäre haben, in der auch eine Mutter nicht rumzuwühlen hat. Was Marina auf dem Schreibtisch und in den Schubladen fand, war allerdings nichts, was ihre 15jährige Tochter hätte verstecken müssen. So arbeitete sie sich bis zur letzten

Schublade vor und dann würde sie nicht nur äußerlich, sondern auch innerlich mit dem Tod ihres geliebten Kindes abschließen können. Sie würde sich damit abfinden, dass die Frage nach dem Warum niemals beantwortet werden würde.

Die letzte Schublade, die leer geräumt werden musste, ließ sich allerdings nur sehr schwer bewegen. Sie blockierte, als sie halb geöffnet war. Marina griff mit der Hand hinein, um den hemmenden Gegenstand zu entfernen. Zu ihrer Überraschung war die Schublade im hinteren Teil allerdings leer. Das fand sie sehr merkwürdig. Der Schubkasten sollte sich doch ohne Inhalt problemlos weiter herausziehen lassen. Nein, es war nicht möglich, so sehr sie auch zog und rüttelte, das Fach ließ sich nur halb öffnen. Etwas ratlos gab sie ihre Bemühungen auf. Sie suchte nach einer möglichen Erklärung, warum eine leere Lade sich gegen das Öffnen sträuben könnte. Ganz aus der hintersten Ecke ihres Bewusstseins kroch ein Verdacht hoch, der ihr suggerierte, dass sie etwas finden würde, was sie lieber dort lassen sollte, wo Melanie es versteckt hatte. Sie bündelte all ihre mentale und körperliche Kraft und riss die Schublade mit Gewalt heraus. Sie gab nun ihren Widerstand auf und landete krachend auf dem Fußboden. Mit dem Schubkasten fiel auch ein Notizbuch heraus, das in einem Hohlraum an der Unterseite des Kastens sicher verwahrt worden war.

Marina wusste sofort, dass hier die Antwort auf die Frage nach dem Warum vor ihren Füßen lag. Sie hatte Melanies Tagebuch gefunden. Nein, sie hatte nicht danach gesucht, aber jetzt lag es vor ihr, bereit, die geheimsten Gedanken und Gefühle preiszugeben, die eine verzweifelte Seele ihm anvertraut hatte. Vielleicht würde es alle ihre Fragen beantworten oder es würde neue Fragen aufwerfen. Zögernd hob sie es mit Tränen in den Augen auf. Wieder spürte sie, wie Angst und Verzweiflung in ihr hochkrochen. Sie war in der Versuchung, sich wieder in diese zerstörenden Gefühle hineinfallen zu lassen. Jedoch nach all den durchlebten, durchlittenen Monaten voller Qual und Zweifel war Marina zu der Überzeugung gelangt, dass nichts mehr sie würde erschüttern können. Sie war stabiler geworden, fast unverwundbar. Nun war der Moment gekommen, in dem sie über sich selbst hinauswachsen musste, in dem sie sich selbst beweisen musste, dass sie künftig allen Stürmen gewachsen war, die das Leben ihr in seiner Boshaftigkeit noch entgegenschleudern würde. Jetzt, wo sie Melanies Tagebuch in ihren zitternden Händen hielt, bemerkte sie, dass sie nicht nur stärker, sondern auch härter geworden war.

Durch das Zittern ihrer Hände ließ Marina sich nicht abhalten, das Tagebuch zu öffnen, um zu erfahren, was ihre Tochter in den Selbstmord getrieben hatte. Sie war sicher, dass sich die Tragödie in den Seiten des Tagebuches offenbaren würde. Nachdem sie die aufkeimende Angst und die Zweifel unterdrückt hatte, öffnete sie den schwarz-rot gemusterten Deckel des Buches. Wenn auch ihr Herz so heftig pochte, dass sie es bis in die Haarspitzen zu fühlen glaubte, zwang sie sich, ruhig zu bleiben und sich nicht wieder zurückzuziehen. Hier fühlte sie sich Melanie ganz nahe. War sie noch vor einer Minute von Zweifeln geplagt worden, ob das, was sie jetzt tat, richtig sei, so wischte sie augenblicklich diese Zweifel weg und begann zu lesen.

Dem Datum nach war Melanie elf Jahre alt gewesen, als sie begann, ihre Gedanken, Wünsche, Träume und Ängste diesem Buch anzuvertrauen. Marina lächelte, als sie die kindlichen Vorstellungen ihres kleinen unschuldigen Mädchens vor Augen hatte. Eine Riesenwelle unendlicher Liebe stieg in ihr auf und in Gedanken nahm sie die Kleine in die Arme und wiegte sie wie ein Baby hin und her, doch dann sah sie wieder die 15jährige tot in ihrem Blut liegen. Marina schloss die Augen, um nicht noch einmal hinsehen zu müssen. Sie konnte trotzdem den Zettel mit Melanies letzten Worten lesen, jene Worte, die immer noch wie Feuer in ihrer Seele brannten. „Ich kann nicht mehr. Verzeih mir, Mama.“

„Was, mein Engel, soll ich dir verzeihen? Was um Himmelswillen hat dir jegliche

Freude an deinem jungen Leben genommen?“

Fragen, Fragen, Fragen – die Antworten blieben aus. Aber ganz tief drinnen wusste sie, dass Melanie nicht ihren Freitod gemeint haben konnte, als sie um Verzeihung bat, sondern dass dem etwas Unerträgliches vorausgegangen sein musste, etwas, wovon sie als Mutter nichts wusste und worin sie trotzdem involviert gewesen sein musste.

Sie las weiter, alles harmlos, was das kleine Mädchen geschrieben hatte, nichts, was auf einen Konflikt oder Ähnliches hindeutete, bis plötzlich ... Kurz nach ihrem zwölften Geburtstag rissen die Eintragungen plötzlich ab. Manchmal waren wochenlang keine Eintragungen ins Tagebuch gemacht worden und dann wieder drei bis vier kurze Bemerkungen an einem Tag. Marina versuchte, sich an die entsprechende Zeit zu erinnern, und tatsächlich, genau in dieser Zeitspanne hatte sie eine Veränderung in Melanies Verhalten bemerkt. Sie war stiller geworden, sie lachte nicht mehr so häufig und wenn doch, klang es albern und aufgesetzt, irgendwie künstlich und nicht echt. Ebenso konnte sie aber aus nichtigen Gründen plötzlich hemmungslos weinen und im gleichen Atemzug konnte sie eine eigenartige Aggression an den Tag legen. Es war eine schwierige Zeit mit ihr. Marina führte alle diese Symptome einer gravierenden Verhaltensänderung auf die Pubertät zurück. Sie war deshalb nicht allzu besorgt, denn sie war überzeugt, dass diese nervenzehrende Anpassungsphase ihres Körpers an die veränderten hormonellen Bedingungen bald vorüber sein würde.

Marina sollte sich getäuscht haben, die Schwierigkeiten nahmen zu in jener bedrückenden Zeit. Sie war ahnungslos und hätte sich damals vor drei Jahren niemals vorstellen können, worauf die besorgniserregenden Verhaltensänderungen ihrer Tochter zurückzuführen gewesen wären. Sie hoffte, dass in Melanies Tagebuch eine Erklärung zu finden sei, und sie sollte sich nicht getäuscht haben. Ein paar Seiten des Tagebuchs waren leer, völlig leer. Nicht ein einziger Bleistiftstrich war über die leeren Seiten gehuscht, woran sie hätte erkennen können, dass

Melanie etwas schreiben wollte und es dann doch nicht getan hatte. Selbst das kindliche Gekritzel, das ihr auf den ersten gelesenen Seiten öfter begegnet war, war verschwunden. Leere, nichts als Leere sprang Marina ins Auge und sensibel, wie sie nun mal war, konnte sie die Einsamkeit spüren, die ihr jetzt wie ein Hilferuf von den weißen unbefleckten Seiten entgegengeschrien wurde. Sie ahnte Böses und fürchtete, das Schlimmste lesen zu müssen, sobald sie wieder auf eine beschriebene Seite umblättern würde.

„Oh mein Gott", stöhnte sie auf, einer Ohnmacht nahe, als sie zögernd die Seite umblätterte, von der sie annahm, dass sie wieder beschrieben sein würde. Nein, sie war nicht beschrieben, ihr sprang sofort eine Zeichnung ins Auge, riesengroß und angsteinflößend, ein erigierter Penis. Ihr war, als hätte ein scharfes Beil ihr ganzes Sein in zwei Hälften geteilt und alles Leben, alle Gefühle, alles, was einen Menschen von einem Roboter unterscheidet, war für immer verloren gegangen. Übertroffen wurde dieser teuflische Horror noch als die gegenüberliegende Seite sich allmählich in ihr Bewusstsein drängte. Nein, Nein, Nein!, schrie es in Marina. Sie wollte und konnte nicht glauben, was ihre Augen sahen. Melanie hatte ein Foto mit dem Porträt ihres Vaters dort aufgeklebt.

In diesen Augenblicken des Erkennens starb Marina. Sie zerfiel unter dem Eindruck der Erkenntnis, dass Clemens sein eigenes Kind im Alter von nur zwölf Jahren schamlos missbraucht hatte, in zwei Hälften. Nein, Marina brach nicht zusammen. Die alte leidende Marina war soeben gestorben. Sie hatte sich geteilt, in eine hasserfüllte, auf Rache sinnende Schicksalsgöttin, die nicht eher ruhen würde, bis sie den Schuldigen am Tod ihrer Tochter hingerichtet haben würde, den ehemaligen Ehemann und Vater Clemens Birkass. Die andere Hälfte verwandelte sich in eine Blenderin, die der Welt eine fürsorgliche, helfende, mitfühlende Krankenschwester vorspielte, um alle in Sicherheit zu wiegen und keinen merken zu lassen, dass der Hass sie zur Mörderin machen würde.

Dieser emotionale Tod und der sich manifestierende Hass gaben ihr die Kraft, das Leid zu ertragen, das ihrer kleinen Tochter angetan wurde und das sie ihrem Tagebuch ausführlich und in jeder beschämenden abartigen Phase anvertraut hatte. Marina klappte das Tagebuch zu und schwor dem toten Mädchen, dass sie nicht eher ruhen würde, bis der gewissenlose Verursacher durch ihre Hand sein Leben verlieren würde.

Und nun war sie da, diese Gelegenheit, ihm den Tod zu bringen. Nun lag er hilflos und ihr ausgeliefert in seinem Intensivpflegebett auf ihrer Station. Sie hatte sich im Laufe der Jahre einen exzellenten Ruf als zuverlässige, aufopferungsvolle, mitfühlende Krankenpflegerin aufgebaut und keiner würde sie verdächtigen, wenn Clemens Birkass trotz aller medizinische Kunst an seiner schweren Krankheit versterben würde.

An jenem Abend des 2. Januar, an dem Eis und Schnee ihr eine Zusatzschicht beschert hatten, saß sie in ihrer kleinen Wohnung in ihrem geliebten Ohrensessel und lachte, lachte, lachte. „Du wirst tausend Tode sterben, Clemens Birkass. Bevor ich dich töte, wirst du leiden wie nie ein Mensch vor dir. Das ist keine Drohung, sondern ein Versprechen."

Neben ihrem Hass, den sie in all den Jahren seit Melanies Tod gehegt und gepflegt hatte, empfand sie nun eine unbändige Freude darüber, dass sie ihr Versprechen einlösen konnte, das sie ihrer toten Tochter gegeben hatte. In ihre Freude mischte sich eine Art merkwürdiger Dankbarkeit, die sie in ihrem Vorhaben noch verstärkte und die ihr half, keinerlei Zweifel an der Richtigkeit ihrer Entscheidung aufkommen zu lassen. In ihrer Wahrnehmung plante sie keinen kaltblütigen Mord, sondern eine gottgewollte Strafaktion in verschärfter Form.

Mit dieser höllischen Freude im Herzen fiel Marina in einen tiefen traumlosen Schlaf, aus dem sie erst am nächsten Morgen zerschlagen und unausgeruht erwachte, immer noch in ihrem Ohrensessel sitzend. Ihr Körper fühlte sich wie gerädert an, aber ihr

Geist war hellwach und in bester Stimmung. Sie eilte in aller Herrgottsfrühe in die Klinik, um sich zu vergewissern, dass Clemens Birkass noch lebend in seinem Bett lag. Sie hätte es nicht ertragen, wenn er in der Nacht verstorben wäre, ohne dass sie ihre Rache an ihm hätte zelebrieren können. Die Nachtschwestern wunderten sich, wieso sie schon so früh – viel zu früh – zum Dienst erschienen war. Als sie darauf angesprochen wurde, lächelte sie nur geheimnisvoll und beteuerte, dass sie nicht mehr hätte schlafen können und dass auf der Intensivstation immer jede verfügbare Hand gebraucht wurde.

Nachdem sie ihre Arbeitskleidung angelegt hatte, betrat sie den Raum, in dem Clemens gerade aufgewacht war. Seine schreckgeweiteten Augen ließen die Angst ahnen, die ihn fest im Griff hatte. Wieder ging sie ganz nah an sein Ohr und flüsterte ihm zu: „Nur noch ein paar Tage, Clemens, dann wirst du durch meine Hand sterben.“ Sie schenkte ihm ein aufmunterndes Lächeln, hinter dem sich aber eine dämonische Häme versteckte. Dann flüsterte sie weiter: „Du wirst während meiner Schicht *keine* Schmerzmittel erhalten und für die nachfolgende Schicht werde ich hinterlassen, dass du deine Dosis Morphium schon erhalten hast. Na, wie gefällt dir das? Du hast Melanie drei Jahre lang aufs Übelste missbraucht. Du wirst jede Stunde in den nächsten Tagen Qualen leiden, wie noch nie ein Mensch vor dir. Du bist ja auch kein Mensch. Du wirst den Tag verfluchen, an dem du mir in die Hände gefallen bist!"

Marina ließ sich ihren mörderischen Plan nicht anmerken. Gewissenhaft und mit großem Eifer ging sie ihrer Tätigkeit als Intensivschwester wie gewohnt nach. Nichts, aber auch gar nichts deutete in ihrem Verhalten an, dass einer der ihr anvertrauten Schwerstkranken ihre Pflege nicht überleben würde.

So verging der 3. Januar des neuen Jahres für sie erfolgreich. Sie befand sich in einer Art Hochstimmung, die sogar ihren Kolleginnen auffiel, da sie sonst eher in sich gekehrt, zwar freundlich, aber doch reserviert und unnahbar, ihre Pflicht tat. Der 4. Januar verlief nicht anders als der Tag davor.

Freundlich und mit Hingabe widmete sie sich der Pflege der bedauernswerten Patienten auf dieser Station. Für ihre aufopferungsvolle Tätigkeit wurde sie von den wachen Patienten meistens mit einem dankbaren Blick oder mit einem herzlichen „Danke“ belohnt. Sie war sogar fest überzeugt, dass auch die Patienten, die in tiefem Koma lagen, ihre Pflege dankbar annahmen, auch wenn sie sich nicht äußern konnten. Sie glaubte manchmal, an den Ausschlägen der Grafiken auf den Überwachungsmonitoren winzige Veränderungen gesehen zu haben. Sie hätte es nicht beschwören können, aber sie war überzeugt, dass das Unterbewusstsein, selbst von tief bewusstlosen Kranken, Signale über die Körperfunktionen mitteilen konnte. Diese Tatsache drängte sich ihr an jenem 4. Januar überdeutlich als Warnsignal auf. Sie ging davon aus, dass auch Clemens, der ja bei vollem Bewusstsein war, seine Angst und seine Schmerzen über die Monitore mitteilen könnte. Diese Botschaften würden ihren ganzen Plan ins Wanken bringen und eines war ihr nun überdeutlich bewusst, in dem Moment, in dem Clemens wieder reden könne, würde man sie mit Argwohn beobachten. Aber auch wenn er noch nicht würde reden können, käme sie zunehmend in große Schwierigkeiten. Die Aufzeichnungen der Monitore, die täglich ausgewertet wurden, könnten eine deutliche Sprache sprechen und sie als Verursacherin dieser unnormalen Ausschläge der Überwachungskurven verraten.

Am 5. Januar wunderte sich nicht nur das Stationspersonal über diese sonderbaren beängstigenden Ausschläge der Monitore, sondern auch die behandelnden Ärzte suchten immer drängender nach den Ursachen dieser enormen Schwankungen. Auch Marina beteiligte sich an den Gesprächen über diese unerklärlich hohen Ausschläge, die die Überwachungsmaschinen registrierten. Am Ende ihrer Schicht fasste sie einen Entschluss. Sie würde nicht mehr warten können, denn die Gefahr als Verursacherin dieser ungewöhnlichen Aktivitäten, die von den Maschinen gemessen wurden, identifiziert zu werden, wuchs von Stunde zu Stunde. Sie musste handeln.

So begab sie sich noch einmal nach Dienstschluss zu Clemens und flüsterte ihm ins Ohr: „Morgen, Clemens, morgen ist es so weit, dann wirst du erlöst von deiner Qual. Der 06. Januar wird dein Todestag sein."

Sie schenkte ihm ein sardonisches Lächeln, das jedem das Blut in den Adern hätte gefrieren lassen.

Marina war beunruhigt, als sie sich auf den Nachhauseweg machte. Sie mochte es nicht, wenn sie ihre Pläne kurzfristig ändern musste, vor allem dieser Plan lag ihr besonders am Herzen. Sie dachte an die Zeilen der Totenliturgie „dies irae – dies illa" Tag der Rache – Tag der Zähren wird die Welt in Asche kehren usw. Ja, Clemens Birkass, der Tag der Rache wird der 06. Januar sein. Dann wirst du dich verantworten müssen für deine Verbrechen an deiner Tochter.

Auf dem kurzen Weg zu ihrem Appartement stoppte Marina an einem Zigarettenautomaten. Vor vielen Jahren hatte sie sich das Rauchen abgewöhnt, aber heute, am Vortag zum Schlussakt einer Tragödie, lechzte sie nach einer Zigarette. Warum sollte sie noch auf ihre Gesundheit achten? Der einzige Zweck, der sie in all den Jahren am Leben gehalten hatte, war der Drang nach Rache an einem Ungeheuer, das seine Tochter in den Freitod getrieben hatte, ein Ungeheuer namens Clemens Birkass. Diesen Akt der Rache würde sie morgen vollziehen. Alle Morphiumampullen, die sie Clemens nicht verabreicht hatte, würde sie in seine Dauerinfusion geben und diese Dosis könne er nicht überleben.

In dieser Nacht fand sie keinen Schlaf, immer wieder sah sie ihr totes Kind in seinem eigenen Blut liegen. Immer wieder sah sie die Zeichnung mit dem übergroßen Penis vor sich und daneben das Foto des Vaters. Jetzt erst verstand sie die letzte Botschaft von Melanie „Mama, ich kann nicht mehr. Bitte verzeih mir." Ja, sie hätte sich mir anvertrauen können. So verbrachte sie die Nacht mit jenen Ereignissen und Bildern, die ihr eigenes Leben schon lange zerstört hatten. Ja, morgen würde sie dem Drama ein

Ende bereiten, ja, morgen wird es sein. Sie hatte Ja gesagt und es ging kein Weg mehr zurück.

06. Januar. Nach der vergangenen schlaflosen Nacht wunderte sie sich, dass sie nicht müde und zerschlagen war, sondern frisch und motiviert, das zu tun, worauf sie mehr als zehn Jahre lang gewartet hatte. Sie machte sich sorgfältig zurecht und begab sich auf den Weg zu dem Delinquenten, der heute durch ihre Hand sterben würde. Sie fühlte sich gut in ihrer Rolle als Scharfrichter und bedauerte ein wenig, dass sie Clemens Birkass nicht mit einem Schwert köpfen konnte, wie das sich für einen Scharfrichter gehört hätte. Gut, sie konnte halt nicht alles haben, wichtig war ihr, dass sie ihn töten würde, vielleicht sogar ohne selbst in Verdacht zu geraten.

So motiviert und in bester Stimmung betrat sie das Schwesternzimmer der Intensivstation. Sie war viel zu früh auf Station, die Nachtschwestern bereiteten gerade die Übergabepapiere vor. Sie unterhielten sich über die merkwürdigen Messergebnisse bei dem Patienten mit dem Guillain-Barré-Syndrom. Eine von beiden wollte gehört haben, dass man jemanden aus dem Pflegepersonal im Verdacht hatte, die Instrumente nicht korrekt bedient zu haben. Ein schlimmer Verdacht! Und die zweite Schwester glaubte zu wissen, dass man ganz konkret jemanden vom Pflegepersonal in Verdacht hatte und dass die Klinikleitung bereits die Kriminalpolizei eingeschaltet habe. Marina erschrak, damit hatte sie nicht gerechnet. Sie war davon ausgegangen, dass sie heute ungestört und unverdächtigt ihren Rachefeldzug siegreich beenden könne. Sie trat ans Fenster und schaute hinaus in die Dunkelheit, verärgert und enttäuscht, dass sie ihren Plan nicht so würde umsetzen können wie sie es sich gedacht hatte. Sie spürte, wie ihre Entschlossenheit einem diffusen Gefühl von Angst und Unsicherheit immer mehr Raum gab. Endgültig in Panik geriet sie aber in dem Moment, als sie vor der Klinik zwei Streifenwagen und einen Mannschaftswagen mit Blaulicht vorfahren sah.

Sie holen mich, ich muss mich verstecken, das war der einzige Gedanke, den ihr aufgewühltes Innere jetzt zuließ. Zu den beiden Nachtschwestern gewandt meinte sie, dass sie ja noch ein wenig Zeit habe, um eine Zigarette zu rauchen. Sie verließ das Schwesternzimmer in Richtung Aufenthaltsraum, an dem sie aber vorbeiging, hin zum Personalaufzug. Marina hatte Glück, die Kabinentür war offen und sie konnte den Aufzug betreten, ohne von jemandem gesehen worden zu sein.

Sie atmete tief und schwer, nachdem die Tür sich geschlossen hatte. Nach kurzer Überlegung, wo sie sich wohl verstecken könne, entschloss sie sich, den Aufzug bis ins neunte Stockwerk zu schicken. Dort wollte sie auf dem Balkon eine Zigarette rauchen, um ihre aufgewühlte Seele ein wenig zu beruhigen und um zu überlegen, wie sie sich aus der gefährlichen Situation retten könne, denn sie war fest überzeugt, dass die Polizeiwagen ihretwegen vorgefahren waren. Sie hoffte, dass die Tür zum Balkon offen sein würde, denn im Klinikgebäude war

Rauchen streng verboten. Marina hatte Glück, die Tür war nicht abgeschlossen. Sie trat hinaus in die kalte Januarluft, die hier oben noch durch einen scharfen Wind verstärkt wurde. Die Luft fegte über den Balkon hinweg und es gelang ihr nicht, ihre Zigarette anzuzünden. Immer wieder erlosch die Flamme ihres Feuerzeuges, bevor sie auch nur den Hauch einer Chance hatte, dem Tabak Glut einzuhauchen. Ihr angespanntes Nervenkostüm war jetzt so dünn, dass diese kleinen Misserfolge beim Anzünden der Zigarette sie völlig aus der Fassung brachten. Sie begann hemmungslos zu weinen und alle aufgestauten Gefühle brachen auf einmal aus ihr heraus. Was war das nur für ein beschissenes Leben? Sie konnte ihre Rache, auf die sie sich die letzten zehn Jahre vorbereitet hatte, nicht mehr vollenden. Sie konnte keinen Schlussstrich unter die quälenden Ereignisse ziehen, der ihr vielleicht Frieden gebracht hätte.

Der Wind, der sich hier oben in der neunten Etage heftig und scharf auf dem Balkon drehte, hatte seine Wucht ein wenig gebremst und Marina versuchte noch einmal, eine Zigarette anzuzünden. Oh, dieses Mal gelang es ihr. Gierig sog sie den Rauch ein, sie bildete sich ein, dass das Nikotin gerade dabei war, seine beruhigende Wirkung zu entfalten. Sie empfand ein wenig Entspannung, während sie die Arme auf die Brüstung lehnte und in die Dunkelheit unter sich starrte. Während sie versonnen da oben in luftiger Höhe stand, dachte sie an alles, gleichzeitig aber auch an nichts. Dabei vergaß sie völlig, dass sie eine Zigarette zwischen ihren eiskalten Fingern hielt. Sie bemerkte die Zigarette erst wieder, als sie ihr aus der Hand fiel. Instinktiv griff sie danach und beugte sich zu weit nach vorne, in der Hoffnung, die Zigarette noch fangen zu können. Sie hatte vergessen, dass der Rand der Brüstung völlig vereist war vom gestrigen Glatteisregen. Auch der Boden des Balkons war mit einer Eisschicht überzogen. Sie verlor den Halt, ihre Füße rutschten weg bei dem Bemühen, Tritt zu fassen. Ihre Hände, die die Brüstung verzweifelt umklammert hielten, gehorchten ihrem Willen nicht mehr und jeder verzweifelte Versuch, sich an der Brüstung festzuhalten, war von vorneherein zum Scheitern verurteilt. Die Eisschicht war Herr der Situation. Marina stürzte kopfüber über die vereiste Brüstung und fiel und fiel und fiel. Den dumpfen Aufschlag auf das Gehsteigpflaster spürte sie schon nicht mehr.

03. Januar
Pikante Neuigkeiten aus Bethlehem

Großvater war mit einer riesengroßen Portion trockenen Humors gesegnet und außerdem bildete er sich ein, über eine ausgeprägte künstlerische Ader zu verfügen, die bis dato aber noch niemand erkannt hatte.

Als er jung war und mit seiner frisch angetrauten Ehefrau, meiner Großmutter, das erste Weihnachtsfest feiern wollte, bedauerte er sehr, dass unter dem Tannenbäumchen kein Jesuskind, keine Maria und kein Josef mithelfen würden, Weihnachtsstimmung zu verbreiten. Also bitte nicht missverstehen, er hatte keine Großmutter geheiratet, sondern seine geliebte Suse, die damals natürlich noch frisch und knackig war und erst sehr viel später zur Großmutter wurde.

Wie so oft bei jungen Vermählten waren sie nicht auf Rosen gebettet. Suse musste auch erst einmal lernen, wie man sparsam haushält, damit nicht im halben Monat schon das ganze Haushaltsgeld ausgegeben war. Der Kauf von Krippenfiguren war also nicht drin. Großvater, der dafür bekannt war, dass er immer vor lauter guten Ideen und Problemlösungsmöglichkeiten sprühte, gab den Pferden seiner Fantasie die Zügel frei, in der Hoffnung, dass sie ihn – wie so oft – zum richtigen Ziel bringen würden. Sein Improvisationstalent ließ ihn auch in der Weihnachtsfigurenfrage nicht im Stich. Spitzbübisch lachend verkündete er seiner Suse, die schon ein wenig traurig dreingeblickt hatte, dass er die Figuren selbst zu machen gedachte, was ja schließlich soooo schwer nicht sein dürfte. Er hatte noch einen halben Sack Gips in der Scheune stehen und er fand, dass der Gips durchaus geeignet sei, die heilige Familie samt dem Ochsen und dem Esel daraus zu formen.

Berauscht von seiner guten Idee packte er seine Suse bei den Hüften, wirbelte sie herum, tanzte mit ihr durch die große Wohnküche und was dann weiter geschah, na ja, ihr wisst schon … da wollen wir nicht ins Detail gehen, sondern uns diskret abwenden. Aber ich glaube, dass an jenem Tag mein Onkel Franz entstanden ist. Ja, ja, so sind sie halt, die jungen Leute.

Frisch motiviert und voller Tatendrang machte Großvater sich ans Werk. Wie man Gips anrühren musste und welche

Konsistenz er zum Formen haben müsse, wusste er genau. Kein Problem, dachte er. Ja, aber das dachte er auch bloß. Die Ausführung gestaltete sich dann doch schwieriger als erwartet und Großvater geriet ganz schön in Bedrängnis. Nach stundenlangem Kampf mit Gips und Wasser war endlich die Konsistenz passend zum Formen.

Suse, die gespannt war, was er zustande bringen würde, konnte nach ein, zwei Stunden ihre Neugier nicht mehr im Zaum halten. Sie schlich leise zur Werkstatt, in der die Krippenfiguren das Licht der Weihnachtswelt erblicken sollten. Sie wollte unbedingt durch einen Spalt in der alten Brettertür dem Entstehen eines einmaligen Kunstwerks durch einen begnadeten Künstler beiwohnen. Ein fast heiliger Moment, den sie allerdings entweihte, indem sie in schallendes Gelächter ausbrach. Vom Kunstwerk Krippenfiguren war noch nichts zu sehen, dafür entdeckte sie einen Mann im Atelier, der zwar in der Statur dem Großvater glich, der aber eher dem Schneemann vor der Tür ähnlichsah. Großvater hatte diesen tags zuvor in einer Anwandlung kindlicher Begeisterung über soooo viel Schnee errichtet.

Der langen Rede kurzer Sinn, es dauerte Wochen, bis Großvater mit seinen Kunstwerken fertig war und Suse sie bemalen konnte. Jaaaa, o.k., perfekt ist was anderes, aber als Erstlingswerk konnte man sie durchgehen lassen. Doch, doch, gerade schaue ich rüber zu meinem bunt geschmückten Tannenbaum. Worüber breitet er seine glitzernden Zweige aus? Was meint ihr? Ja, genau, über die Krippenszene, die Großvater gestaltet hatte und die innerhalb der Familie halb schmunzelnd und halb ehrfurchtsvoll weiter vererbt worden ist, vom Großvater auf den Vater und von meinem Vater auf mich, seinen ältesten Sohn. Ich bin nun auch schon fast 80 Jahre alt und muss überlegen, welchem meiner drei Kinder ich die Krippenszene vererben soll. Sie soll in gute Hände kommen und vor allem möchte ich nicht, dass nach meinem Abgang darum gestritten wird.

Jedes Mal, wenn ich die Krippe anschaue, fühle ich mich zurückversetzt in meine

Kindheit. Damals war die Krippe ja noch im Besitz von meinem Großvater und meiner Großmutter Suse. Am ersten Weihnachtsfeiertag besuchten wir immer meine Großeltern und da durften natürlich die Erzählungen über die Entstehungsgeschichte der Krippenszene nicht fehlen. Da war aber noch ein anderer Anziehungspunkt, der vor allem bei mir als zehnjährigem Knirps größtes Interesse weckte. Großvater sprach dann über die Bedeutung der zwölf Raunächte. Er wusste ganz spannende geheimnisvolle Dinge, die er halb flüsternd bei gedämpftem Kerzenlicht erzählte. In der ersten Raunacht vom 24. auf den 25. Dezember sollten alle Tiere die Fähigkeit haben, miteinander und mit den Menschen sprechen zu können. In der zweiten Raunacht sollten die bösen Geister mit allerlei Räucherwerk und Beschwörungssprüchen vertrieben werden. Die dritte Raunacht war den geheimen Wünschen gewidmet, die jeder den guten Geistern mitteilen konnte und die im kommenden neuen Jahr in Erfüllung gehen würden. So wusste er jeder Raunacht eine eigene

Bedeutung zu geben. Die neunte Raunacht war für ihn eine ganz besondere Nacht, weil seine selbst gemachten Krippenfiguren dann lebendig wurden und sich miteinander unterhielten. Wow, das hätte ich gerne gehört, konnte aber nie in jener geheimnisvollen neunten Raunacht bei Großvater sein, um mit ihm zusammen die heilige Familie zu belauschen. Ich habe als kleiner Junge jahrelang darum gebettelt, in der neunten Raunacht bei Großvater sein zu dürfen. Meine Eltern haben es mir nicht erlauben wollen, ja, sie wollten mir sogar die Freude verderben, indem sie sagten, dass Opa flunkern würde. Gipsfiguren könnten nicht zum Leben erwachen und miteinander sprechen könnten sie auch nicht.

Mit diesem unerfüllten Wunsch und mit den Samenkörnern des Zweifelns im Herzen bin ich schließlich dem Kindesalter entwachsen und die Erinnerung an die Geheimnisse der Raunächte verblasste immer mehr, bis sie ganz verschwand. Selbst als meine Großeltern gestorben waren und mein Vater die Krippe geerbt hatte, erwachte mein

Interesse an der Krippe und an den Wundern der Raunächte nicht mehr. Vater hat die Krippe niemals aufgestellt. Mutter fand sie naiv und irgendwie nicht passend für eine moderne Wohnung.

Erst als mein Vater diese Welt verlassen hatte und die Krippe mir zugefallen war, kamen langsam wieder die alten schönen Erinnerungen in mir hoch. Ich öffnete den Karton und nahm eine Figur nach der anderen heraus. Das raschelnde Seidenpapier, das sie gegen Stoßschäden und Abplatzungen schützte, roch nach meiner Großmutter, nach der Pfeife meines Großvaters, nach Zimtgebäcke und Tannenharz. All das ließ in mir eine Stimmung entstehen, die wehmütig und doch beglückend war. Ich genoss diesen merkwürdigen Zustand zwischen Traum und Wirklichkeit, zwischen dem Jetzt und der Vergangenheit, und entschloss mich, mir in diesem Jahr wieder einen Weihnachtsbaum zu gönnen, was ich abgelehnt hatte, nachdem meine Frau gestorben war. Jetzt aber, nachdem ich den Karton mit den Figuren geöffnet hatte, nachdem der Geruch der vergangenen Tage wieder durch meine Sinne gerauscht war, wurde der Wunsch in mir schier übermächtig, den Zauber der Weihnachtszeit und der geheimnisvollen Raunächte noch einmal zu erleben.

Die Figuren waren so weit intakt, bis auf die Farben, die etwas verblasst waren und der ganzen Krippenszene eine Patina der Vergänglichkeit aufdrückten. Ganz unten im Karton, fast verschwunden unter dem Seidenpapier, fand ich einen Brief meines Großvaters, geschrieben in der alten Sütterlinschrift, die ich kaum entziffern konnte. Aber unter Zuhilfenahme einer Buchstabentabelle gelang es mir, Großvaters Brief zu lesen, und glaubt mir, mir standen die Tränen in den Augen, nein, nicht wegen des Inhaltes, der weder erschütternd noch sonst irgendwie bemerkenswert war. Nein, mich rührte an, dass ich das Gefühl hatte, Großvater sei anwesend. Ich konnte ihn fühlen, ich konnte ihn riechen und ich spürte wieder diese Liebe, die er in sich trug und großzügig an jeden verschenkte, der in der Lage war, diese Liebe auch empfangen zu können. Und glaubt es mir, ich konnte diese Liebe spüren, als ich da saß mit den Krippenfiguren, die unter seinen Händen entstanden waren. Mein Entschluss stand nun felsenfest. Ich würde einen Tannenbaum haben und unter meinem Tannenbaum würde die Krippenszene einen Ehrenplatz erhalten. Und vielleicht … ja, vielleicht bleibe ich in der neunten Raunacht wach und höre zu, was Maria und Josef sich im Stall von Bethlehem zu sagen haben. Uff, und sie hatten sich einiges zu sagen.

Am Abend des 02. Januar, also gestern, hatte ich mir eine Kanne starken Kaffee gekocht und mich ganz gemütlich im Wohnzimmer niedergelassen. Meinen bequemen Fernsehsessel platzierte ich so, dass mein Tannenbaum und Großvaters Krippenszene direkt in meinem Blickfeld lagen. Ich glaubte zwar nicht wirklich daran, dass die Figuren zum Leben erwachen würden, aber ich erinnerte mich, dass Großvater ganz ernsthaft über den Zauber der Raunächte geredet hatte. War er auch das ganze Jahr über koboldhaft und lustig drauf, so sprach er mit großem Ernst und mit Respekt über die Ereignisse in den zwölf Raunächten zwischen Weihnachten und dem Dreikönigstag. Meine Mutter hatte zwar Zweifel in mir gesät, aber die Saat war noch keimfähig und nun spürte ich, wie sie aufging.

Die Zeit zwischen Abendessen und Mitternacht verging zäh und schleppend und fast wäre ich eingenickt und hätte das Beste verschlafen. Als meine Standuhr Mitternacht schlug, war ich aber wieder hellwach, denn wenn an Großvaters Erzählungen wirklich etwas dran war, dann würde es jetzt bald geschehen. Als das Licht zu flackern begann, gruselte es mich nicht wenig. Dann gingen plötzlich alle Lampen aus und nur noch die Lichterkette am Tannenbaum spendete ein wenig Helligkeit, gerade so viel, dass ich die Krippenszene noch erkennen konnte.

Täuschte ich mich oder hatte ich jetzt gerade eine Bewegung gesehen? Ach was, das waren Schattenspiele, hervorgerufen von der Lichterkette am Tannenbaum. Aaaaber dann ging es so richtig los, ich hörte ganz deutlich, dass ein Säugling schrie. Uff, sollte das ...? Nein, das gibt es doch nicht. Wir leben in der Realität, nicht in der Zauberwelt. Ich wollte mein Experiment abbrechen und versuchte, aus meinem Sessel aufzustehen und das Licht wieder anzumachen. Was? Wie? Ich kann nicht aufstehen? Oh, Angst kroch langsam in mir hoch, doch dann erinnerte ich mich an Großvaters Worte: „Junge, in den Raunächten geschehen viele unerklärliche Dinge, hab keine Angst, es geschieht nichts Böses in der neunten Raunacht, lass dich ruhig darauf ein."

O.K., Großvater hatte mich wieder beruhigt und gespannt starrte ich auf die Krippenszene, in der jetzt das Leben erwachte. Das Kind in der Krippe schrie und strampelte heftig mit seinen kleinen drallen Beinchen und seine Ärmchen fuchtelten in der Luft. Windel voll? Hunger? Wahrscheinlich beides. Und schon hörte man Josefs Stimme. Etwas unwirsch fuhr er sein angetrautes Weib an: „Maria, hörst du nicht, dass der Junge schreit? Nimm ihn und leg ihn an. He, du bist vor ein paar Stunden Mutter geworden und ich muss dir sagen, was du zu tun hast? Also, Maria, ich bitte dich, so geht das nicht.“

„Josef, ich bin so müde, zuerst die lange Wanderung von Nazareth nach Bethlehem, dann die Geburt hier in einem Stall. Josef, wir sind doch keine Bettler!“

Damit hatte sie natürlich recht.

„Nein, Maria, wir sind keine Bettler, wir hätten auch die Herberge bezahlen können, aber wie du selbst erlebt hast, wollten sie uns nirgends reinlassen. Jetzt nimm schon endlich den Jungen und still ihn.“

Sie tat, was er gesagt hatte, und er murmelte zufrieden: „Siehst du, er wird schon ruhiger.“

Sie wechselte noch seine Windeln und fragte Josef: „Kannst du deinen Sohn jetzt unter deinen Mantel nehmen, damit er nicht friert?“

Ein wenig verärgert antwortete er, vielleicht eine Spur zu heftig: „Maria, hör auf damit. Das ist dein Sohn, nicht meiner.“

Mit zitternder enttäuschter Stimme wollte sie ihn an sein Versprechen erinnern: „Aber aber … du hast versprochen …“

Etwas milder gestimmt fiel er ihr ins Wort: „Ja, ja, ich weiß, was ich versprochen habe. So ganz freiwillig hatte ich aber nicht zugestimmt. Dieser Herr Engel, der mich aufgesucht hat, hat darauf gedrängt, dass ich dich zu mir nehmen soll, obwohl du … na ja, du weißt schon, was ich meine.“

Sie war den Tränen nahe und zum einhundertsten Mal versicherte sie ihm, dass kein Mann sie angerührt habe: „Josef, wie oft willst du mir das noch vorwerfen und wann glaubst du mir endlich? Herr Engel war bei mir in meiner Kammer, obwohl die Tür fest verschlossen war. Er stand da in seinen komischen weißen Kleidern und sagte, dass ich ein Kind bekommen würde. Ja, das sagte er. Und dann hat er noch mehr gesagt, von Königen und von Flucht und noch viel, viel mehr. Das habe ich alles nicht verstanden. Ich habe ihm gesagt, dass ich mit dir verlobt bin und dass ich keinem anderen Mann gehören werde. Darauf hat er mich beruhigen wollen und hat mir versichert, dass er mit dir reden wird, ich bräuchte mir keine Sorgen zu machen.“

Josef tat es ein bisschen leid, dass er Maria so angefahren hatte. Er legte tröstend den Arm um ihre schmalen Schultern und redete sanft auf sie ein: „Hab keine Angst, Maria, ich halte mein Versprechen. Ich werde ihn behandeln, als wäre er mein eigener Sohn. Wir werden auch gemeinsame Söhne haben und ich werde keinen Unterschied machen zwischen unseren eigenen Söhnen und diesem kleinen Schreihals hier. Der Himmel weiß, wie du zu diesem Bündelchen gekommen bist.“

Maria seufzte laut und bemerkte so nebenbei, dass der Junge noch keinen Namen habe.

„Jesses, jesses, jesses, Du hast recht, Maria, er muss einen Namen bekommen, und zwar heute noch, fällt dir ein schöner Name ein?“

Maria dachte nach, aber es wollte ihr kein passender Name einfallen: „Nein Josef, ich weiß keinen schönen Namen, aber warte mal, Du hast doch eben jesses, jesses, jesses gesagt. Wie wäre es denn mit Jesus?“

„Mensch, Maria“, freute sich Josef „das ist genial. Klar, wir nennen fein Söhnchen Jesus.“

„Ach, Josef“, sie war den Tränen nahe, „wann wirst du endlich unser Sohn sagen?“

„Weiß nicht“, murmelte Josef, „spätestens morgen muss ich ihn ja hier in Bethlehem als Neugeborenes anmelden. Da wird man davon ausgehen, dass ich der Vater bin. Maria, schau mal, er ist unter meinem Mantel eingeschlafen, wie schön er ist.“

Maria lächelte und fragte: „Glaubst du, dass du ihn eines Tages wirst lieben können?“

„Ich liebe ihn jetzt schon, Maria, ich liebe ihn, auch wenn er nicht mein Sohn ist.“

„Das gibt mir Hoffnung und Kraft. Ich bin soooo müde, Josef, und die Knochen tun mir weh vom langen Knien.“

„Ja, Maria, es war alles zu viel für dich, leg dich hier ins Stroh, streck die Beine aus und schlaf ein wenig. Ich halte den kleinen Jesus warm unter meinem Mantel.“

„Ach, Josef, du machst Scherze, genau wie der Großvater, der uns gemacht hat. Meine Beine aus Gips kann ich nicht ausstrecken, weil der Großvater der Meinung war, ich müsse vor der Futterkrippe knien. Aber ich möchte mich so gerne hinlegen. Du könntest mir einen Schubs geben, damit ich zur Seite falle, das wäre auf jeden Fall besser, als stundenlang hier zu knien."

Das ließ Josef sich nicht zweimal sagen. Er gab Maria einen kräftigen Schubs und sie fiel seitlich um.

„Josef!", schrie sie kurz auf, und dann zeterte sie: „Bist du verrückt, nicht so heftig. Ich wäre fast kaputt gegangen. Hast du vergessen, dass wir nur aus Gips sind?"

Ja, das hatte Josef tatsächlich vergessen. Er murmelte kurz eine kleine Entschuldigung und dann lauschte er nach draußen. Er glaubte, Stimmen gehört zu haben, und wie von Geisterhand wurde die Stalltür geöffnet. Ein paar ziemlich wild aussehende struppige Männer traten ein und schauten sich um.

„Wir haben gehört, dass hier ein Kind geboren wurde. Dürfen wir es mal sehen?"

„Nein, ihr seid Gesindel, Lumpen, macht, dass ihr wegkommt. Hier gibt es nichts zu holen für euch. Haut ab, aber schnell!“ Josef war richtig wütend, Maria brauchte jetzt Ruhe, um sich von den Strapazen der langen Fußreise und von den Schmerzen der Geburt zu erholen. Allerhand, was diese Strauchdiebe sich einfach herausnahmen. Kaum hatte er die windschiefe baufällige Tür hinter ihnen zugeworfen, kam einer von diesen Gesellen zurück und meinte: „Wir sind kein Gesindel, sondern Hirten, die hier draußen auf die Herden aufpassen. Wir haben einen Stern gesehen, der genau über diesem Stall stehen geblieben ist. Da sind wir neugierig geworden und dann kam einer unserer Kameraden, der mitbekommen hat, dass hier ein Kind geboren wurde. Wir sind gekommen, um euch ein paar Geschenke zu bringen. Schaut, hier ist Brot für euch und Milch von unseren Ziegen. Die Frau muss gute Sachen essen und trinken, damit sie euer Kind nähren kann. Und schaut, hier sind noch zwei Schaffelle, damit das Kleine nicht friert.“

Josef war tief beschämt und entschuldigte sich tausend Mal für seine schroffe grobe Art, mit der er die Hirten verjagt hatte. Nun aber bat er sie herein. Er trug den kleinen Jesus immer noch unter seinem warmen Mantel, aber nun durften die Hirten einen Blick auf das Bübchen werfen. Ihre Augen strahlten, als sie das Baby sahen. Ja es war ein Wunder geschehen. Ein kleines Menschlein hatte seinen Lebensweg in diesem Stall begonnen, und niemand konnte sagen, wohin der Weg es führen würde. Vielleicht hätte Herr Engel etwas darüber sagen können, ja, vielleicht hatte er sogar etwas darüber gesagt, bloß hat die naive Maria nicht richtig zugehört und da sie es nicht verstanden hatte, waren die Worte von Herrn Engel schnell vergessen. Maria konnte sich nur noch erinnern, dass Herr Engel etwas von drei Königen gesagt hat, die Gold, Weihrauch und Myrrhe bringen würden. Darauf hat Josef lapidar gemeint: „Da siehst du mal, dass der Herr Engel nur ein begnadeter Spinner ist, der den Leuten Flöhe in die Ohren setzt. Weihrauch und Myrrhe, was sollen wir damit anfangen? Damit kannst du doch höchstens den Stall hier in Brand setzen. Gold? Jaaa, das wäre nicht verkehrt. Nur die Geschichte, dass Könige kommen, um den kleinen Jesus zu sehen, ist so unglaubwürdig, dass man den Braten schon auf hundert Meter riechen kann. Also, lass uns Gold, Weihrauch und Myrrhe schnell vergessen. Maria, ich bin Zimmermann und kann eine Familie ernähren."

Ja, es waren aufregende Wochen, die Maria und Josef hinter sich hatten. Jetzt spürte auch Josef die Müdigkeit. Er legte sich neben Maria ins Stroh. Dem kleinen Jesus breitete er eines der geschenkten Schaffelle im Stroh aus, legte ihn drauf und deckte ihn mit dem anderen Schaffell zu. Josef breitete seinen weiten Wollmantel auch noch über sich und Maria aus und so schliefen sie alle drei warm und geborgen in den nächsten Tag hinein. Josef nahm sich vor, Maria nicht mehr zu ärgern, sie war ein liebes Dingelchen und wie sie schwanger geworden war, wird wohl für immer ein Rätsel bleiben. Was Herr Engel mit der ganzen Sache zu tun hatte, würde er noch herausfinden. Mit solch guten Gedanken war er eingeschlafen. Es wurde nun dunkel im Stall und alles war still.

Die Lichterkette am Tannenbaum war ausgegangen und die Lampe auf dem kleinen Beistelltischchen neben meinem Sessel wurde wieder hell. Ich rieb mir die Augen und wusste nicht genau, ob ich geschlafen und geträumt hatte oder ob das, was ich gehört und gesehen hatte, wirklich so abgelaufen war. Ich war nun auch wieder in der Lage, mich aus dem Sessel zu erheben. Jetzt hatte ich Gelegenheit, nachzuschauen, ob Maria, Josef und das Kind dort liegen würden oder ob alles noch unberührt genau so dastehen würde wie vor Mitternacht. Oh je, zuerst musste ich wohl überprüfen, ob ich auch wirklich wach war oder ob ich nur träumte, dass ich wach wäre. Beim Aufstehen stieß ich mit meinem kleinen Zeh gegen einen Messingfuß des Beistelltischchens und ein jäher Schmerz durchzuckte meinen Fuß bis hin zur Wade. Autsch, ich war nun hellwach. Ich humpelte zum Lichtschalter, um die große Deckenbeleuchtung in Gang zu setzen, die mir ein erneutes Anstoßen an ein Möbelstück zu verhindern half. Ich humpelte wegen des immer noch schmerzenden Zehs zum Weihnachtsbaum hin und traute meinen Augen nicht. Josef, Maria und das Kind lagen im Stroh und schliefen seelenruhig einen tiefen erholsamen Schlaf. Ich weiß nicht, wie lange ich staunend vor dem Tannenbäumchen stand und in die Krippe hineinstarrte. Ich konnte einfach nicht glauben, was ich gesehen und gehört hatte. Mein Verstand wehrte sich vehement dagegen, anerkennen zu müssen, dass ich nicht geträumt hatte, sondern dass alles genau so gewesen war, wie ich es geschildert hatte. Schließlich musste mein Verstand kapitulieren und anerkennen, dass es doch wunderlich zugeht in den Raunächten. Was hatte meinen Verstand überzeugt, dass doch das Gesehene und Gehörte real war und kein Traumgespinst? Die Felle, die beiden Schaffelle, von denen das Bübchen nun gewärmt wurde.

Trotz des Kaffees, den ich getrunken hatte und der mich wachhalten sollte, empfand ich eine bleierne Müdigkeit, die mich eilends ins Bett trieb. Diesem Zwang gehorchend ließ ich mich in die Federn sinken und fiel augenblicklich in einen tiefen traumlosen Schlaf. Am späten Vormittag wachte ich auf, ausgeschlafen und munter. Auf der Bettkante sitzend rief ich mir wieder die Bilder ins Gedächtnis, die diese Raunacht mir geschenkt hatte. Deutlich klangen mir auch die Gespräche im Ohr. Ich wusste, dass ich nicht geträumt hatte, daran erinnerte mich auch der kleine Zeh, der schmerzhafte Bekanntschaft mit dem Messingfuß des Beistelltischchens gemacht hatte. Der Zeh war dick angeschwollen und tiefblau verfärbt. Er reagierte sehr empfindlich auf Berührung, sodass ich beschloss, barfuß zum Weihnachtsbaum zu gehen, um mich noch einmal davon zu überzeugen, dass es kein Traum gewesen war. Josef, Maria und das Kind lagen heute Nacht friedlich schlafend beieinander. Wenn ich nicht geträumt hatte, müssten sie ja immer noch genau so daliegen. Gut gelaunt und fröhlich näherte ich mich also der Krippenszene. Doch da hätte es mich glatt aus den Pantoffeln gehauen, wenn ich welche getragen hätte. Mir standen die Haare zu Berge. Der Schock, den mir der Anblick der Krippe beibrachte, hing mir noch lange nach. Maria kniete wieder vor der Futterkrippe, Josef stand wieder aufrecht da und das Kind … Halt, beim Kind hatte sie etwas verändert. Es lag nicht mehr halb nackt im Stroh, sondern war mit zwei kuscheligen Schaffellen zugedeckt. Dieses Mysterium überzeugte mich vollends, dass in Raunächten seltsame Dinge passieren.

04. Januar
Im Zeichen der Ameise

Geburtstag, ja, der 04. Januar war Tinis Geburtstag. Sie hieß ja eigentlich Christina, aber weil sie so ein goldiges kleines dunkelhaariges Mädchen war, wurde sie liebevoll Tini genannt. Heute also war endlich der mit Spannung erwartete Geburtstag da. Sie durfte viele Freunde, mit denen sie im Kindergarten zusammen war, zu einer richtig zünftigen Kinder-Geburtstags-Party einladen. Kathrin, ihre Mama, hatte sich gut vorbereitet, denn sie wusste noch vom vorigen Jahr, welche Spiele bei den kleinen Gästen beliebt waren, welche kleinen

Überraschungsgeschenke auf den Kuchentellern strahlende Augen und helles Lachen hervorriefen und wie man eine Horde kleiner Wirbelwinde lenkt und dirigiert, ohne dass sie das halbe Haus in Schutt und Asche legen. Kathrin war echt ein Ass beim Ausgestalten eines zünftigen Kindergeburtstages. Sie schien sogar das stabilste Nervenkostüm von allen Müttern zu haben, die sich der schweren Aufgabe gegenübersahen, einen Kindergeburtstag zu organisieren und auch unbeschadet zu überstehen. Vorsorglich hatte sie ausschließlich Kinder zu der Fete eingeladen. Oma, Opa, Onkel und Tanten wurden für eine etwas ruhigere Geburtstagsfeier kurzerhand erst fürs Wochenende eingeladen. Tini war natürlich sehr von diesem Gedanken angetan, hatte sie doch dann zwei Mal das Vergnügen, Geschenke auspacken zu dürfen. Ja, so etwas stand halt bei kleinen Mädchen hoch im Kurs, bei Jungs natürlich auch.

Aber bleiben wir jetzt lieber beim Kindergeburtstag, weil dort etwas geschah, was die ganze Familie in den Grundfesten ihrer vermeintlich geordneten Welt erschütterte. Nichts war danach nochmal so, wie es vorher war. Das Weltbild der Erwachsenen wurde langsam und schleichend ad absurdum geführt und sie taten sich schwer, zu akzeptieren, wohin Tini sie geführt hatte. Selbst nach Jahren litten einige der betroffenen Verwandten noch immer unter Schwierigkeiten, Realität und Fiktion zu trennen und gegeneinander abzugrenzen.

Kathrin, obwohl der Trubel sie nicht genervt hatte, war trotzdem froh, als alle Kinder von ihren Eltern abgeholt worden waren. Gregor, Tinis Vater, wäre verzweifelt gewesen, wenn er hätte anwesend sein müssen, als eine Horde fröhlicher erwartungsvoller Ungeheuer das Haus der Familie für einige Stunden enterte. Er hatte seiner Prinzessin schon am Morgen alles, alles Liebe und Gute gewünscht, brav sein Geschenk überreicht und sich dann eilends verabschiedet, um erst wieder zu erscheinen, wenn die Piraten abgezogen sein würden.

Wie schrecklich müde Tini war, bemerkte Kathrin daran, dass sie anfing zu quengeln.

Das war das Signal, dass das Geburtstagskind sich nach Schlaf sehnte. Dann schnell hopp hopp, Zähneputzen und flugs ins Heiabett. Ja der Gute-Nacht-Kuss, auch von Papa, der ja mittlerweile wieder zu Hause war, fiel diesmal nur flüchtig und halbherzig aus. Der Schlaf kam an diesem Abend sogar ohne die obligatorische Traumgeschichte. Tinis Äuglein fielen zu und sie glitt hinüber in die Traumwelt. Es sollte der letzte Abend sein, an dem das kleine Mädchen problemlos eingeschlafen war.

„Oh, je“, stöhnte Gregor, als er mit Kathrin wieder auf das Schlachtfeld zurückgekehrt war, „da haben wir noch eine Menge zu tun heute Abend. Ich helfe dir, Kathrin, bist bestimmt auch müde.“

„Ja schon“, gab sie zu, „wenn du mir hilfst, ist bald wieder alles in Ordnung, dann sieht es wieder so aus, als wären nie zwölf Sausewinde hier durchgefegt.“

Gregor lachte, er war sehr froh, dass sie ihn nicht dazu verdonnert hatte, der Geburtstagsparty beiwohnen zu müssen. Gerade wollte er sie aufmunternd in den Arm nehmen, als ein gellender Schrei aus dem Kinderzimmer zu hören war. Sofort hatten sie das Gefühl, dass Tini in größter Not sei. Beide überschlugen sich fast beim Rennen über die Treppe auf dem Weg zu Tinis Zimmer. Ihr Kleines saß aufrecht im Bett, weinte bitterlich und streckte hilfesuchend ihre Ärmchen nach Gregor aus. Er riss sie aus ihrem Bettchen raus, so, als müsse er sie vor einer Giftschlange schützen, die in ihrem Bett lauerte. Er sprach beruhigend auf sie ein: „Prinzesschen, du hast geträumt, es war nur ein böser Traum."

„Nein, es war kein Traum, er war wirklich da und hat mich runtergestoßen, er war wirklich da. Ich will zu meiner Mama. Bitte, Papa, bring mich zu meiner Mama!"

Sie brach wieder in Tränen aus und als Gregor sie weiterreichen wollte zu Kathrin, ihrer Mama, klammerte sie sich verzweifelt an Gregors Hals fest. „Nein, Papa, bitte ich will zu meiner richtigen Mama."

Wieder brach sie in fast panisches Weinen aus. Gregor trug sie nach unten ins Wohnzimmer, schaltete sämtliche Lampen ein und hoffte, dass sein Prinzesschen sich im hellen Lampenschein wieder fangen würde. Dort würde sie zurückkehren aus der Albtraumwelt, zurück in die Realität. Mit seiner Vermutung hatte er richtig gelegen. Die Tränen versiegten nun ziemlich schnell. Tini lachte sogar ein wenig über Papas Scherze. In dieser Nacht würde sie allerdings nicht mehr alleine in ihrem Zimmer schlafen können. So beschloss man gemeinsam, dass sie ausnahmsweise zwischen Mama und Papa im Ehebett schlafen dürfe.

Am nächsten Morgen war die Panik des gestrigen Abends vergessen. Tini verhielt sich wieder wie immer, vielleicht ein wenig stiller als sonst, aber das führten die Eltern auf die verkürzte Nacht zurück, die ja in ihrem normalen Ablauf jäh durch diesen schlimmen Albtraum unterbrochen worden war.

Kathrin und Gregor atmeten auf. Es schien alles wieder in Ordnung zu sein. Gregor ging wieder zur Arbeit, Tini wurde von Kathrin zum Kindergarten gebracht und Kathrin eilte zur Rechtsanwaltskanzlei, bei der sie halbtags beschäftigt war. Nach ein paar Tagen normalen Alltagslebens geriet das Drama am Abend von Tinis Geburtstag fast in Vergessenheit. Freitags machte Kathrin sich an die Vorbereitungen für Tinis zweite Geburtstagsfeier mit der Familie. Beide Großelternpaare waren eingeladen sowie die Patentanten und -onkel des Geburtstagskindes.

Kathrin gab sich besonders viel Mühe. Sie wusste, dass ihre Schwiegermutter sehr kritisch war und ihr Herz auf der Zunge trug. Es war schon vorgekommen, dass sie fast beleidigend war mit ihrem losen Mundwerk, das sich liebend gerne gegen Kathrin wandte. Zum Glück musste Kathrin sie nicht allzu oft ertragen, sodass sie sicher war, auch dieses Mal schweigen zu können, wenn Schwiegermama wieder vernichtende beleidigende Kritik anbringen würde. So rückte der Tag Stunde um Stunde näher, der die Familien entzweite und beinahe noch eine Ehekrise ausgelöst hätte.

Dann war es endlich so weit. Sonntagnachmittag gegen 15 Uhr trudelten die ersten

Gäste ein, voll beladen mit Geschenken für das Geburtstagskind. Tini war vor lauter Freude ganz aus dem Häuschen, nicht nur wegen der Geschenke, nein, sie mochte auch die Verwandten alle gut leiden. Sogar Papas Mama, die sich auf dem Kriegsfuß mit Kathrin befand, war bei Tini beliebt und geschätzt. So fand man sich also in anfänglich gemütlicher friedlicher Runde zusammen. Jeder erzählte etwas aus seinem Leben, der Kaffee floss in Strömen und Tinis Geburtstagskuchen erntete richtig, richtig fettes Lob. Alles war gut, bis ... ja, bis Kathrin von dem Drama berichtete, das sich in der Nacht nach Tinis Geburtstagsparty ereignet hatte. Als Gregor erzählte, dass Tini immer wieder nach ihrer richtigen Mutter geschrien hatte, hielt es seine Mutter nicht mehr auf ihrem Stuhl. Sie sprang auf und fuhr ihren Sohn mit sich überschlagender schriller Stimme an: „Dieses Kind hätte mal besser nach seinem richtigen Vater schreien sollen. Siehst du denn nicht, dass du gar nicht der Vater von Tini sein kannst? Schau sie an, sie hat fast schwarze Locken und einen ungewöhnlich dunklen Teint. Sollte so dein Kind aussehen? Du bist blond, deine Frau ist blond und weder unter deinen Vorfahren noch unter den Vorfahren von Kathrin findest du einen Menschen mit dunklen Locken und dunklem Teint. Mach die Augen auf und sieh den Tatsachen ins Ges…!“

Weiter kam sie nicht mehr. Ihr Mann hatte sie ziemlich grob wieder auf ihren Stuhl gedrückt. „Spinnst du?“ fauchte er sie an „Entschuldige dich auf der Stelle, bevor ich mich vergesse!“

Zorn und Aggression funkelten in seinen Augen. Man konnte fühlen, wie sehr er sich beherrschen musste, um sie nicht vor aller Augen zu ohrfeigen.

Es war totenstill am Kaffeetisch geworden, kein Plaudern mehr, kein Lachen mehr, kein Geklirre mehr mit Porzellantassen und Kuchengabeln, nichts mehr, nur noch entsetztes Schweigen. Gregors Vater stand auf, packte seine Frau unsanft am Arm und herrschte sie mit schamrotem Gesicht an: „Los, wir gehen jetzt!“ Sie aber dachte nicht daran, sich zu entschuldigen. So blieb es Gregors Vater nicht erspart, Kathrin und Gregor um Verzeihung zu bitten. Tinis Patentante Ulla, die fürchtete, dass der Streit ausufern könnte, nahm das kleine Mädchen an der Hand und ging mit ihm ins benachbarte Wohnzimmer, während die peinliche Situation im Esszimmer weiter eskalierte.

„Lass mal, Vater“, versuchte Gregor die Situation zu entschärfen. „Du kannst ja nichts dafür.“

Er begleitete seine Eltern nicht nach draußen, wie es sich eigentlich gehört hätte, sondern schaute ihnen mit verständnislosem Kopfschütteln nach. Die Anschuldigungen seiner Mutter hatten ihn schmerzlich bis ins Innerste seiner Seele getroffen. Außerdem waren durch die Anwürfe seiner Mutter Zweifel in sein Denken gepflanzt worden, Zweifel, die von der dunklen Seite seines Geistes gierig aufgenommen wurden, um sie als Waffe gegen Gregors Selbstberuhigungsversuche zu benutzen. Ja, Tini hatte dunkle Locken und einen dunklen Teint. In den vier Jahren seit ihrer Geburt hatte er nie auch nur einen Gedanken an Tinis Haarfarbe verschwendet. Aber jetzt? Er spürte nun schmerzhaft, dass der Stachel in seiner Seele zu arbeiten begann. Könnte seine Mutter mit ihren kruden Ideen vielleicht doch recht haben?

Kathrin ihrerseits war zutiefst gekränkt, weil die Schwiegermutter ihr durch die Blume zu verstehen gegeben hatte, dass sie eine Ehebrecherin sei, ja, sie deutete mit ihren beleidigenden Worten sogar an, dass sie Gregor ein Kuckuckskind untergeschoben habe. Unglücklich und bis ins Mark getroffen durch diese Beleidigungen, ausgerechnet von Gregors Mutter, sehnte sie sich nach Trost, den Gregor ihr hätte spenden können. Aber er war nicht fähig, ihr beizustehen. Er selbst war so verletzt, dass er völlig erstarrte, und die Bedürfnisse seiner Frau drangen nicht in sein Bewusstsein. Das Gedankenkarussell in seinem Kopf drehte sich rasend schnell. Es kreiste immer wieder nur um ein Thema. Was war an den Anschuldigungen dran, die seine Mutter ihm entgegengeschleudert hatte? Sein Blick wanderte ins Wohnzimmer.

Tini saß mit Tante Ulla auf der Couch und malte mit den Farben, die Tante Ulla ihr geschenkt hatte. Sie war überglücklich. Soooo viele Farbstifte hatte sie noch nie auf einmal gesehen, nicht mal im Kindergarten. Von dem Disput, der sich am Kaffeetisch zu einer ausgewachsenen Katastrophe hochgeschaukelt hatte, war nichts bis zu ihr vorgedrungen.

Minutenlang war es totenstill im liebevoll dekorierten Esszimmer, das zu Ehren des Geburtstagskindes über und über mit Hello-Kitty-Luftballons, Postern, Papierfähnchen und ähnlichen niedlichen Dingen geschmückt war, selbst die obligatorischen Hello-Kitty-Papierservietten durften nicht fehlen. Tini wähnte sich im Hello-Kitty-Himmel und war überglücklich. Munter plauderte und scherzte sie mit Tante Ulla. Dass Oma und Opa weggegangen waren, hatte sie nicht bemerkt. Gregor sah zu ihr hinüber. Er liebte sie über alles, und niemand sollte anzweifeln dürfen, dass er ihr Vater war. Wieso sie dunkles Haar und einen dunklen Teint hatte, war ihm in diesem

Moment nicht mehr wichtig. Er war bei ihrer Geburt dabei und hatte ihren ersten Schrei gehört. Er klang noch in seinen Ohren, gerade so, als wenn er ihn erst vor einer Minute gehört hätte. Er hatte mit zitternder Hand die Nabelschnur durchtrennt und in dem Moment, als er die Verbindung zwischen ihr und ihrer Mutter für immer unterbrochen hatte, war etwas Merkwürdiges geschehen. Dieses kleine Wesen heftete sich mit einer unsichtbaren unverwüstlichen Lebensader an seinem Herzen fest und keine Macht der Welt würde jemals in der Lage sein, diese Lebensader zu durchtrennen. Daran erinnerte er sich jetzt, da er sein Töchterchen beobachtete. Er hatte schon bei ihrer Geburt Ja gesagt und dieses Ja galt immer noch uneingeschränkt, egal, welches Getuschel und Geschwätz hinter seinem Rücken ablief.

Nun wandte er sich zu Kathrin, die immer noch wie versteinert dastand, unfähig, auch nur ein einziges Wort zu den Vorwürfen sagen zu können. Die Ungeheuerlichkeiten, die sie sich hatte anhören müssen, schnürten ihr die Kehle zu. Gregor traf zum zweiten

Mal innerhalb von Minuten eine weitere zukunftsbestimmende Entscheidung. Dieses Mal war sein Votum nein, nein zu der Vorstellung seine Kathrin könnte ihm untreu gewesen sein, nein. Nachdem er sich – seinem Herzen folgend – so klar und eindeutig entschieden hatte, empfand er eine unglaubliche Erleichterung, die er nun mit Kathrin teilen wollte. Er wandte den Blick von seinem kleinen Töchterchen ab und suchte Augenkontakt mit Kathrin. Als sie seinen Blick erwiderte, lächelte er sie auf eine Art und Weise an, die sie nicht missverstehen konnte. Sie verstand sofort diese Botschaft, die aus Gregors Herzen kam. Sie spürte, dass alle Vorwürfe, alle Verdächtigungen und alle verbalen Angriffe an Gregor abgeprallt waren. In dem Vertrauen, dass sie beide gemeinsam *jede* Schwierigkeit meistern würden, beruhigte sich ihr aufgewühltes Inneres. Sie flog in seine Arme, die sich kraftvoll und doch unendlich sanft um ihre schmalen Schultern legten. Mehr Zeichen einer innigen Verbundenheit waren nicht erforderlich, um das Band, das sie mit Gregor und Tini zusammenschweißte, erneut zu bestätigen und zu festigen.

Mittlerweile schienen sich auch die verbliebenen Geburtstagsgäste wieder aus ihrer selbstauferlegten Zurückhaltung zu befreien. Erste Stimmen machten der Entrüstung, die man über diese Anschuldigungen von Gregors Mutter empfand, lautstark Luft. Aus dem wirren Durcheinander der Stimmen war herauszuhören, dass alle für Kathrin und Gregor Partei ergriffen. Niemand traute den beiden Eltern zu, dass sie ein dunkles Geheimnis um Tinis Werden und Entstehen zu verbergen suchten. Trotzdem stand nun die Frage im Raum, wieso Tini kein blondes Engelchen war, sondern ein dunkelhaariges. Man stellte die abenteuerlichsten Theorien auf, die allerdings nicht mal in der Nähe der geheimnisvollen Erbgutentgleisung angesiedelt waren, die Tinis Aussehen bestimmten. Das Geheimnis, das weder Kathrin noch Gregor kannten, sollte aber bald auf eine tragische, schier unglaubliche Weise gelüftet werden.

Tini hatte einen langen Leidensweg vor sich, von dem an ihrem vierten Geburtstag noch niemand etwas ahnte. Die ersten Schatten der kommenden Ereignisse wurden nur von Tini wahrgenommen. Sie war aber nicht in der Lage, diese bedrohlichen Signale mitzuteilen. Ihr kindlicher Sprachschatz umfasste noch keine Worte, um das Dilemma zu erklären, in dem Tini gefangen war. Ihre kleine Seele versuchte, sich über Träume und Zeichnungen einen Weg zu bahnen, damit das Geheimnis ihrer Herkunft offensichtlich werden konnte.

Die Geburtstagsfeier des kleinen Mädchens ging langsam zu Ende. Was so fröhlich und glücklich begonnen hatte, endete in einer nachdenklichen Stimmung. Die verbliebenen Gäste, die sich nun auf ihren Heimweg machten, verabschiedeten sich mit gemischten Gefühlen. Es war ein Kindergeburtstag, an den man sich noch nach Jahren genau erinnern konnte. Selbst als das Geheimnis von Tinis Herkunft längst gelüftet war, blieb doch ein Gefühl der

Verunsicherung und vor allem der Unglaubwürdigkeit zurück.

Als Kathrins Eltern, ihre Geschwister und auch Gregors Geschwister gegangen waren, war nun Aufräumen angesagt. So schlimm wie bei Tinis Kinderparty war das Durcheinander allerdings nicht. Weil geschickte Hände kräftig anpackten, war das reale Geburtstagskaffeechaos schnell beseitigt. Das gefühlsmäßige Chaos, das durch Gregors Mutter angerichtet worden war, bedurfte allerdings einer langen, langen Genesungszeit. Selbst wenn es gelingen würde, eine vollkommene Heilung zu erlangen, dürften doch einige Narben zurückbleiben.

Tini wollte auch gerne beim Aufräumen helfen, aber ihre Hilfe wurde dankend abgelehnt. Kathrin bangte nämlich ein wenig um ihr kostbares Villeroy-&-Boch-Geschirr. Etwas Enttäuschung war der Kleinen anzusehen. Sie verzog beleidigt ihr Gesichtchen und widmete sich wieder ihren Malstiften. Damit hatte Tante Ulla tatsächlich ins Schwarze getroffen. Tinis kleines Herzchen war von nun an dem Zeichnen und Malen verschrieben und später würde sie Design studieren, um eine künstlerische Karriere zu starten, sehr erfolgreich übrigens. In gewisser Weise folgte sie künstlerisch den Fußspuren ihres Vaters. Gregor war Fotograf, und zwar mit ganz großer Liebe und Leidenschaft für das, was er tat. Er war freier Mitarbeiter einer großen Reiseagentur. In dieser Eigenschaft bereiste er viele Länder rund um den Globus und brachte einmalig ausdrucksvolle Fotos mit, die dann in die Prospekte des Reisekonzerns aufgenommen wurden.

Die letzten Spuren der stattgefundenen Geburtstagsfeier waren beseitigt und nun durfte Tini auch wieder der Mittelpunkt im Leben ihrer Eltern sein. Als Erstes schauten Kathrin und Gregor die bunten Blätter an, die Tini so eifrig und mit freudiger Leidenschaft bemalt hatte.

„Wow, Tini, wie schön du gemalt hast“, wurde sie von ihrem Papa gelobt, „du hast ganz tolle Ameisen gezeichnet!“

„Ja, Papa“, strahlte Tini. „Heißen diese Tiere Ameisen? Das habe ich nicht gewusst.

Solch eine Ameise hat mich hinuntergestoßen!“

Kathrin und Gregor schauten sich fragend an und Gregor war der Meinung, dass er den Irrtum seiner Tochter am besten gleich richtigstellen musste, damit sich keine falsche Vorstellung in ihrem klugen Köpfchen festsetzen konnte. „Schätzchen, Ameisen sind ganz kleine Tiere, die können niemanden irgendwo hinunterstoßen.“

„Nein, Papa, die Ameisen sind groß, ganz groß, größer als ich und eine hat mich gestoßen. Ich bin gefallen, ganz tief, so tief, dass ich nie unten angekommen bin.“

Gregor schauderte, aber Kathrin war begeistert von der Fantasie ihres Töchterchens. Sie schauten noch einmal die Zeichnungen ganz genau an. Aber in ihrer Wahrnehmung waren es Ameisen, die mit bunten Stiften aufs Papier gebannt worden waren. So sehr sie sich bemühten, etwas anderes als Ameisen zu erkennen, es gelang ihnen nicht. In ihren Augen hatte Tini jede Menge bunter Ameisen gezeichnet. Mit sehr viel gutem

Willen hätte man die gezeichneten Tierchen vielleicht noch für Käfer halten können.

Na ja, da es schon spät war und Tinis normale Zubettgehzeit schon überschritten war, ließ man das Thema zunächst einmal ruhen. Übermüdet wie die kleine Geburtstagsprinzessin war, schlief sie auch sehr schnell ein. Ihre Eltern saßen noch lange beieinander und besprachen noch einmal den verflossenen Tag, der ihre Familie bis in die Grundfesten erschüttert hatte. Der Bruch mit Gregors Mutter war endgültig. Die Verletzung war zu tief, als dass man sie hätte vergessen können. Sein Vater besuchte Tini noch ein paar Mal, aber die Abstände zwischen den spärlichen Besuchen wurden immer länger, bis sie ganz wegblieben. Kathrins Eltern und Geschwister gaben sich verständnisvoll, aber auch deren Verhalten hatte sich verändert. Die offene unbeschwerte Art war einer unerklärlichen Zurückhaltung gewichen. Kathrin und Gregor spürten, dass sie mit Tinis Panikattacken alleine waren. Allen Freunden und Verwandten schien das

Unerklärliche mysteriös und gefährlich, für sie Grund genug, sich langsam zurückzuziehen.

Eine Zeit lang schien alles in Ordnung zu sein. Tini schlief wieder in ihrem Zimmer. Panik und Verwirrtheit waren verschwunden, sie zeichnete auch keine Ameisen mehr. Sie erzählte auch nicht mehr, dass eine Ameise sie gestoßen habe und sie durch den Stoß gefallen sei. Kathrin und Gregor atmeten auf. Sie gingen jetzt von einer vorübergehenden Störung im Entwicklungsprozess ihrer Tochter aus, einer Störung, die nun der Vergangenheit angehörte.

Ja, sie waren guter Dinge bis zu jener Nacht, in der die Ereignisse sie wie eine Keule trafen. Tini schrie wieder. Sie schrie wie noch nie zuvor. Todesschreie einer gequälten Kreatur hätten nicht schrecklicher sein können. Kathrin war als Erstes bei ihr. Tini saß aufrecht auf der Bettkante und als Kathrin ihre Tochter in den Arm nehmen wollte, um sie zu beruhigen, wich diese mit schreckgeweiteten Augen und nach vorne gestreckten abwehrbereiten Armen zurück.

Gregor war seiner Frau sofort gefolgt. Als Tini ihn sah, flog sie auf ihn zu, klammerte ihre Ärmchen um seinen Hals und keine Macht der Welt hätte diese Umklammerung lösen können, ohne Gewalt anzuwenden. Kathrin stand wie gelähmt im Kinderzimmer und sah mit Grauen, wie ihr Kind sich quälte. Die Weinkrämpfe erschütterten ihren kleinen Körper immer wieder und sie beruhigte sich erst, als Kathrin unter Tränen das Kinderzimmer verlassen hatte. Gregor wiegte sie in seinen Armen wie ein Baby. Mit ganz sanfter Stimme redete er beruhigend auf sie ein:

„Engelchen, erzähl Papa, was passiert ist, komm, sag es mir!“

Ihre Schreie wurden allmählich leiser und bald war nur noch ein schmerzhaftes Schluchzen zu hören. Gregor hatte inzwischen die große Deckenlampe eingeschaltet. Im hell erleuchteten Kinderzimmer verlor die Horrorvision, von der das kleine Mädchen heimgesucht worden war, ihren Schrecken und die Macht über ihre Seele. Gregor versuchte noch einmal, seine kleine

Prinzessin zum Reden zu bringen. Er glaubte fest daran, dass, wenn sie die Schrecken ihres Albtraumes in Worte fassen könnte, die Traumgespenster ganz verschwinden würden. So muss es auch gewesen sein, denn sie lächelte und begann zu sprechen.

Gregor erschrak zu Tode und Kathrin, die unter dem Türrahmen stand, um dem Kind und seinem Vater wenigstens durch ihre Anwesenheit beizustehen, raufte sich vor Entsetzen die Haare. Tini sprach in einer Sprache, die sie noch nie gehört hatten. Hart und fremd klang das, was Tini sagte. Ihr Gesichtchen strahlte, als sie munter in jener Sprache redete, die weder Gregor noch Kathrin jemals gehört hatten. Durch Kathrins Erinnerung galoppierten Horrorvisionen von irgendwann mal gehörten Berichten von Besessenheit und Teufelsaustreibungen. Das Reden in einer fremden Sprache gehörte, jenen Berichten zufolge, zum klassischen Bild eines von Dämonen besessenen Menschen. Nein, nein, Nein, schrie alles in ihr. Sie hatte solche Berichte immer als unglaubwürdig und übertrieben abgetan.

Aber jetzt? Ihre kleine Prinzessin sprach in einer fremden Sprache? Das kann nicht sein, das darf nicht sein!

Die Qualen, die Kathrin und Gregor durchlitten, waren unbeschreiblich. Ihnen war, als hätte sich ein Tor zur Hölle geöffnet. Grauen und Entsetzen verblassten erst, als Tini schwieg, ihre Ärmchen um Gregors Hals legte und flehte: „Ich will zu meiner Mama. Bitte, Papa, bring mich zu meiner Mama."

Er konnte nur noch mit letzter Kraft antworten: „Ja, Kleines, ja ich bringe dich zu deiner Mama." Hilflos suchten seine Blicke Kathrin, die wie erstarrt immer noch unter dem Türrahmen stand. Sie konnte nur mit einem unendlich traurigen Achselzucken Gregors stummen Hilferuf beantworten.

Dieses Horrorszenario war nun der Anfang einer einmaligen Hilfsaktion für ihre geliebte Tochter Christina, die sie liebevoll Tini nannten. Eine wahre Odyssee führte die leidende Familie. Sie beschlossen nun gemeinsam, dass sie ihre Prinzessin einem

Psychiater vorstellen wollten, der dann eventuell eine günstige Diagnose und Prognose aufstellen würde.

Nach endlos langer Wartezeit, in der Tini weitere Anfälle durchleiden musste, bekamen sie endlich einen Termin bei einem Psychiater, der einen sehr guten Ruf als spezialisierter Kinderpsychiater hatte. Voller Hoffnung, dass er ihrem Kind helfen könne, stellten sie ihm Tini vor, berichteten von den Panikattacken, von denen sie jetzt immer häufiger befallen wurde, und erwarteten eine schnelle Lösung. Sie hatten sich getäuscht. Dieser Besuch geriet zum Fiasko. Tini stellte sich quer, sie verweigerte jegliche Mitarbeit beim Erstellen einer fundierten Diagnose. Der Arzt schlug deshalb vor, Tini zunächst mal mit Medikamenten ruhigzustellen, damit er tiefer in ihre Symptomatik eintauchen könne. Dies sollte allerdings unter Aufsicht in einer psychiatrischen Klinik geschehen. Nein, nein, nein, diesem Vorschlag konnten Kathrin und Gregor nicht zustimmen. All ihre Hoffnung auf baldige Klärung von Tinis Anfällen waren mit einem Mal in tausend Scherben zerfallen. Sie lehnten auch das Rezept ab, das der Psychiater ihnen noch ausstellen wollte. Nein, sie würden niemals zulassen, dass ihr Kleines unter Drogen gesetzt werden sollte.

Ihnen blieb nichts anderes übrig, als nach einem anderen Psychiater zu suchen, der Tini würde helfen können. So reisten sie ergebnislos zu verschiedenen Ärzten, die alle der Meinung waren, dass Tinis Panikattacken nur mit Psychopharmaka zu bekämpfen wären. Aber in all den Wochen, die sie mit der Suche nach einer anderen Behandlungsmethode verbrachten, hatte sich an der negativen Einstellung zum Verabreichen schwerer bewusstseinsverändernder Medikamente nichts geändert.

Die Verzweiflung der ratlosen Eltern wurde immer größer und Tinis Panikattacken traten immer häufiger und immer heftiger auf. Längst schlief sie nicht mehr in ihrem eigenen Zimmer, sondern im Ehebett ihrer Eltern, damit sofortiger Beistand sichergestellt war, wenn sie wieder einmal im Schlaf in einer fremden Sprache redete und wenn sie im Wachzustand vehement nach ihrer richtigen Mama verlangte. „Die Ameise hat mich gestoßen, das muss ich meiner Mama sagen, bitte, Papa, bring mich zu meiner Mama.“ Fast hysterisch wiederholte sie diesen Satz immer und immer wieder und die Angst und die Hilflosigkeit ihrer Eltern steigerte sich jedes Mal bis ins Unermessliche.

Der erste Schritt zur Lösung all ihrer Probleme kam aber bald. Woher? Unglaublich, er kam aus Tinis Kindergarten. Eines Tages wurde ein Kind dort aufgenommen, das kein Wort Deutsch sprach. Das war aber kein Hindernis, dieses Kind, das aus dem Baskenland stammte, im Kindergarten aufzunehmen. Tini freundete sich sofort mit Lorea an. Das war der Name des kleinen baskischen Mädchens, der Blume bedeutet. Lorea fühlte sich auch sofort zu Tini hingezogen, nicht zuletzt weil Tini ihr immer mit wachsender Begeisterung zuhörte, wenn sie etwas erzählte. Tini verstand zwar kein Wort, aber in ihrem Inneren empfand sie diese Sprache als ein Stück Erinnerung an etwas,

was sie verloren hatte. Tini und Lorea sahen sich sogar ein wenig ähnlich. Das dunkle lockige Haar und der südländische Teint ließen die beiden wie Geschwister aussehen.

Als Kathrin Lorea zum ersten Mal sprechen hörte, blieb ihr fast das Herz stehen. Es war … es war … es war die Sprache, die Tini im Schlaf benutzte und die sie während ihrer Anfälle sprach. Als sie aber ihr Kleines fragte, ob es denn verstehen würde, was Lorea erzählte, schüttelte Tini heftig verneinend den Kopf. Sie versicherte aber, dass sie nichts lieber tat, als Lorea zuzuhören. Kathrin war auch überwältigt davon, wie ähnlich die beiden Kinder sich sahen. Nachdenklich und doch erfreut berichtete sie Gregor von dieser seltsamen Begegnung. Gregor war glücklich darüber, dass jetzt endlich klar war, welche Sprache Tini benutzte, wenn einer ihrer Anfälle besonders heftig war.

Mit diesem neuen Wissen ausgestattet, gingen die Bemühungen der Hilfesuche für ihr Töchterchen in eine neue Richtung. Sie hatten nach einem Heilpraktiker gesucht, der auch Hypnosebehandlungen anbot. Aber auch dieser Rettungsversuch endete letztendlich in einer Enttäuschung. Er versuchte zwar, Tini in Hypnose zu versetzen, was aber gründlich misslang. Man musste ihm allerdings zugutehalten, dass er noch nie einen Hypnoseversuch bei einem vierjährigen Kind unternommen hatte. Schon als man im Gehen begriffen war, bat der Heilpraktiker noch einmal um Aufmerksamkeit. Ihm war etwas eingefallen, was er den Eltern als kleine Dienstleistung mit auf den Weg geben wollte. Er hatte sehr wohl bemerkt, wie enttäuscht und ratlos Kathrin und Gregor waren und wie ihre Körpersprache pure Verzweiflung ausdrückte. Nur Tini war strahlender Laune, alle ihre nächtlichen Attacken hatten im normalen Leben des Kindes noch keine traumatischen Spuren hinterlassen.

Der Heilpraktiker blätterte in einem seiner vielen Notizbücher herum und verkündete erleichtert: „Ich habe es gefunden. Ich gebe Ihnen hier die Adresse und die Telefonnummer eines Professors aus Wien, der sich spezialisiert auf unerklärliche Phänomene hat, die in der frühen Kindheit auftreten. Es könnte sein, dass er Tini und damit auch Ihnen helfen könnte.“

Dankbar nahmen sie diese Information an und beschlossen, sich einen Termin bei Professor Arnulf Altmann in Wien geben zu lassen. Sie setzten zwar keine allzu große Hoffnung auf den Besuch bei ihm, wollten aber diesen Strohhalm, an dem sie sich festhalten konnten, nicht gänzlich als aussichtslos betrachten. Professor Altmann war kein Arzt und auch kein Therapeut, er war Wissenschaftler, der sich sehr intensiv mit Wiedergeburt und Seelenwanderung beschäftigte. Von manchen Wissenschaftskollegen wurde er ein wenig belächelt, konnte aber immer wieder verblüffende Beweise vorlegen, dass sein Forschungsgebiet ernst zu nehmen sei.

Eines Tages öffnete sich wieder eine Tür, die Einblick in Tinis verborgenes zweites Leben gestattete. Gregor, der nun ja wusste, dass die Sprache, die Tini beim Reden im Schlaf benutzte, Baskisch war, nahm sich wieder das Album mit den älteren Fotos hervor, in dem er die Bilder von seiner beruflich bedingten Reise durch das Baskenland aufbewahrt hatte. Gregor hatte den Hang, alle Fotos von seinen Reisen aufzubewahren. Diese Eigenschaft erwies sich nun als sehr segensreich. Während er beim Betrachten der alten Fotos in nostalgischen Erinnerungen schwelgte, trat Tini zu ihm und wollte auch Bilder gucken.

„O.K., Kleines, dann komm zu Papa auf den Schoß und wir schauen uns gemeinsam die Bilder an."

Blatt um Blatt riefen die Fotos wieder schöne angenehme Erinnerungen in Gregor hervor. Plötzlich, als er gerade wieder im Album weiterblättern wollte, schlug Tini heftig mit der flachen Hand auf die aufgeschlagene Seite. Dabei stieß sie einen spitzen Freudenschrei aus. Sie deutete mit ihrem Zeigefinger auf eines der Fotos und jauchzte immer wieder: „Hier wohnt meine Mama! Schau nur, Papa, hier wohnt meine Mama! Da will ich hin, Papa! Bitte, bitte, bring mich zu meiner Mama!" Tränen liefen nun über Tinis Wangen. Es war nicht zu erkennen, ob es Freudentränen waren oder ob sie sich plötzlich an etwas erinnern konnte, das ihr

Schmerz bereitete. Gregor konnte einfach nicht glauben, dass Tini das Haus, das eher eine Hütte war, jemals in ihrem kleinen vierjährigen Leben gesehen haben konnte. Er war damals, als er das Baskenland bereist hatte, alleine unterwegs gewesen. Zu jener Zeit war Tini nicht einmal geboren, ja, nicht einmal geplant war sie. Kathrin und er hatten sich gerade erst kennengelernt und das Thema Kinderwunsch war noch lange nicht spruchreif.

Tinis Tränen waren versiegt, genau so plötzlich, wie sie geflossen waren. Ihr kleines Herz hüpfte vor Freude. Endlich, endlich würde sie zu ihrer Mama gehen dürfen, Papa würde sie dorthin bringen. Er wusste ja, wo das war und wie man dahin kommen könnte. Tini tanzte durchs Zimmer und rief immer wieder Wörter und Sätze in jener Sprache, die kein anderer verstehen konnte. Nur Lorea hätte die Worte verstanden. Es war das erste Mal, dass Tini die baskische Sprache im Wachzustand bei vollem Bewusstsein benutzte. Mittlerweile war auch Kathrin, die gerade in der Küche rumhantiert hatte, auf die Situation im Wohnzimmer aufmerksam geworden. Sie wunderte sich über Tinis überschwängliche Freude. Sie blieb zögernd im Türrahmen stehen und war nicht fähig, Gregors sorgenvolles Gesicht zu deuten. Was ging hier vor?

Gregor gab ihr ein Zeichen, sie möge sich zu ihm setzen, damit er ihr die Situation erklären könne. Tini, die nun etwas ruhiger geworden war, flog auf Kathrin zu, schlang ihre Ärmchen ganz fest um ihren Hals und flüsterte ihr ins Ohr: „Mama, ich gehe zu meiner richtigen Mama. Dann kann ich ihr sagen, dass ich nicht ungehorsam war. Ich kann ihr sagen, dass mich ein Ameise gestoßen hat und dass ich deshalb nicht mehr nach Hause gekommen bin. Mama, der Ameise hat mich gestoßen, wirklich."

„Schatzi, die Ameise hat dich gestoßen, es heißt die Ameise, nicht der Ameise, aber wie du weißt, sind Ameisen ganz kleine Tiere, die niemanden stoßen können."

„Aber meine Ameise war groß, gaaaaanz groß, größer als ich!", erwiderte sie trotzig und zur Bestätigung ihrer Behauptung stampfte sie noch kräftig mit den Füßen auf den Parkettboden, der den kindlichen Fußtritten mit einem leichten Schwingen antwortete. Erst jetzt fiel es den beiden Eltern auf, dass Tini keine Panikattacke durchlitt, sondern dass sie klar bei Verstand und hell bei Bewusstsein war. Noch nie hatte sie außerhalb eines Traumes oder einer Panikattacke so ausführlich über die Dinge gesprochen, die scheinbar ihr inneres Gleichgewicht immer wieder so stark erschüttert hatten, dass sie weinend und schreiend in die tröstenden Arme ihres Vaters flüchten musste.

Man schaute nun gemeinsam das Foto an, das bei Tini diesen freudigen Ausbruch veranlasst hatte. Es war ein Haus hoch oben in den Bergen, eher eine große Hütte mit einem hölzernen Zaun drum herum als ein festgebautes Haus. Tini schien aber jetzt, nachdem sie das Foto gesehen hatte, kein Interesse mehr zu haben. Sie war zufrieden, zumal ihr Papa mehrmals versichert hatte, sie zu ihrer richtigen Mama zu bringen. Gregor und Kathrin hatten starke Zweifel, sie konnten oder wollten nicht glauben, dass ihre kleine Tochter ein Haus in den Pyrenäen als das Haus wiedererkannt haben wollte, in dem ihre richtige Mama leben würde. Die Verwirrung wuchs von Tag zu Tag, bald waren sie so verunsichert, dass sie eher an eine Geisteskrankheit glauben wollten, von der ihr Mädelchen befallen war, als einzugestehen, dass an der Theorie der Reinkarnation doch etwas dran sein könnte. Gregor hatte solche Gedanken immer als esoterische Fantasien abgetan. Alle Symptome, die Tini zeigte, deuteten für ihre Eltern eher stark auf eine ernst zu nehmende Schizophrenie hin. Nur ganz langsam schmolz das Eis der Ablehnung gegen nicht erklärbare Phänomene und gab Raum frei für eine andere Sichtweise. Ihre letzte Hoffnung war der kurz bevorstehende Termin bei Professor Arnulf Altmann in Wien. Er war einer der wenigen wissenschaftlich orientierten Spezialisten auf dem Gebiet der Reinkarnationsforschung. Die anfängliche Skepsis hatte sich verändert und war umgeschwenkt in eine vage Hoffnung.

Tini war glücklich, weil sie bald zu ihrer richtigen Mama gehen würde. Es hatte sich vieles verändert, seit sie jenes Foto in der Archivmappe ihres Vaters als ihr Zuhause identifiziert hatte. Sie wurde nicht mehr gequält von kräftezehrenden Panikattacken und sie litt nicht mehr an jenen ängstigenden Albträumen. Sie redete auch nicht mehr in der baskischen Sprache, außer im Kindergarten, wenn sie mit Lorea spielte. Kathrin und Gregor waren endlos erleichtert über die positiven Veränderungen, die in Tini wirkten. Trotz dieser erfreulichen Entwicklung blieben sie wachsam und vorsichtig.

Gregor hatte mittlerweile in seinen Aufzeichnungen die Seiten gefunden, die beschrieben, wo dieses Haus, das er fotografiert hatte, im Baskenland zu finden sei. Das herauszufinden, hatte er Professor Altmann versprochen, nachdem dieser sich vorab telefonisch nach Einzelheiten erkundigt hatte. Kathrin und Gregor waren nach diesem langen Telefonat überzeugt, dass Professor Altmann die richtige Anlaufstation war, um Tinis Auffälligkeiten zu klären und eventuell sogar zu beheben. Ausgestattet mit dieser Zuversicht und diesem Vertrauen traten die drei die Reise nach Wien an.

Ich glaube, ich muss nicht erklären, dass Tini komplett aus dem Häuschen war. Sie dachte nämlich, die Reise würde sie direkt zu ihrer richtigen Mama führen. Wie enttäuscht war sie, als sie einem, in ihrer Wahrnehmung, alten Mann gegenüberstand. Sofort ging sie auf Distanz zu ihm, weil sie ihm die Schuld an der Unterbrechung ihrer Reise ins Baskenland gab. Sie war fest überzeugt, dass dieser alte Mann ein Zusammentreffen mit ihrer richtigen Mama verhindern wolle. Nein, sie würde kämpfen und wenn es sein musste, würde sie ihm sogar ans Schienbein treten, so sauer war sie. Es dauerte lange, bis er sie überzeugen konnte, dass er nichts dergleichen im Sinn hatte. Erst als er versprach, sie und ihre Eltern ins Baskenland zu begleiten, fasste sie wieder etwas Vertrauen zu ihm. Erst dann war ein vernünftiger Austausch möglich, erst dann konnte er mit ihr die Reise in ihre Vergangenheit antreten.

Schon nach den ersten beiden Sitzungen glaubte er, die Erklärung für die Ameise gefunden zu haben, von der Tini gestoßen worden sei. Tini, die noch nicht einmal fünf Jahre alt war, hatte die von ihr gezeichneten Tiere nicht Ameisen genannt. Das war ihr Vater, der in ihren kindlichen Zeichnungen Ameisen erkannt haben wollte. Er hatte sie so genannt. In seiner Wahrnehmung sahen die gezeichneten Gebilde Ameisen am allerähnlichsten. Tini, die ja keinen anderen Namen für ihre Tierzeichnungen kannte, übernahm wie selbstverständlich den Ausdruck Ameise. Nun erklärte sich auch ihr vehementer Widerspruch, wenn man ihr zu erklären versuchte, dass Ameisen kleine Tiere sind. Nein, nein und nochmal nein, die Ameise, die Tini gestoßen haben sollte, war groß, viel größer als sie selbst. Manchmal wurde sie sogar richtig zornig, wenn man ihr nicht glauben wollte, dass ihre Ameise groß war, sehr groß sogar. Professor Altmann, der überrascht war von der Heftigkeit ihrer Reaktion auf seine Bemerkung, Ameisen seien wirklich ganz kleine Tiere, ließ keine Ruhe, dass er sich unter der Ameise, die immer wieder in Tinis Erzählungen vorkam, nichts vorstellen konnte. Er nahm die Zeichnungen mit nach Hause und grübelte und grübelte, was Tini damit gemeint haben könne, wenn sie erzählte, dass sie von einer Ameise gestoßen worden sei. Nein, alles Überlegen und Grübeln führte ihn nicht zu einem befriedigenden Ergebnis. Es blieb ihm nichts anderes übrig, als nach einer anderen Lösung zu suchen.

Seine Intuition sagte ihm, dass der Schlüssel zu Tinis Erinnerungen in einem – wahrscheinlich stattgefunden – vorherigen Leben in ihren Zeichnungen zu suchen sei. An einem Abend, an dem er wieder einmal vergebens versucht hatte, das Ameisen-Geheimnis zu lüften, beschloss er, die Zeichnungen seinen Studenten vorzulegen. Vielleicht sah einer der jungen Leute etwas anderes als Ameisen. So machte er es auch und das war die weiseste Entscheidung, die er im Fall Tini getroffen hatte.

Gleich am nächsten Tag zeigte er die Zeichnungen seinen Studenten mit der Bitte, dass sie ihm sagen mochten was sie darauf erkennen würden. Die Ameisen ließ er unerwähnt, um nicht Einfluss auszuüben auf die Wahrnehmung der Betrachter. Er musste keine zwei Minuten warten, da präsentierte eine junge Schweizer Studentin ihm die Lösung.

„Das sind keine Insekten oder so etwas, auch wenn sie so aussehen, Herr Professor“, meinte sie. „Das sind Steinböcke. So oder so ähnlich sahen sie auf den ehemaligen Autokennzeichen von Graubünden aus.“

Ja, das Rätsel war gelöst. Der Knoten entwirrt, nicht durch geduldiges auseinanderdröseln, sondern auf einen Schlag mit einem Schwert, wie es einst Alexander dem Großen zugeschrieben wurde. Jener löste den Gordischen Knoten nicht durch Geduld und Geschicktheit, sondern auf einen Schlag mit einer bis dato noch nie angewendeten Methode. Professor Altmann schmunzelte, fühlte er sich doch einen Moment lang wie Alexander der Große. Er kehrte aber von seinem kleinen Ausflug in die Antike ganz schnell zurück in die Realität. Mit großer

Freude ließ sich der sonst eher zurückhaltende Professor Altmann dazu hinreißen, auf die Studentin zuzueilen, sie zu umarmen und sich überschwänglich bei ihr zu bedanken. Durch ihre Hilfe, die Zeichnungen betreffend, lichtete sich plötzlich der Nebel, der wie ein Schleier die Geschehnisse verhüllt hatte, und die Zeichnungen gaben ihr Geheimnis preis. Ja, es waren keine Ameisen, es waren Steinböcke. Ja, ein ausgewachsener Steinbock war groß, größer als ein kleines Mädchen, und er war durchaus in der Lage, im Gebirge ein Kind mit einem einzigen Stoß über eine Klippe stürzen zu lassen.

Professor Altmann sah sich nun bestätigt in seiner Theorie, dass Tini die Inkarnation eines Mädchens aus dem Baskenland war, das durch den Stoß eines Steinbocks über eine Klippe in eine Schlucht gestürzt war und dass es diesen Fall nicht überlebt hatte. Dafür sprach auch die Aussage von Tini, dass sie gefallen sei und nicht aufgehört hatte zu fallen. Ihre Seele wurde fast gewaltsam von ihrem Körper getrennt und hatte keine Zeit, sich bewusst zu machen, dass sie gestorben war. So irrte sie in der Zwischenwelt umher auf der Suche nach einem anderen Körper, in den sie hätte inkarnieren können. Zeit spielte in der Zwischenwelt keine Rolle, sie existiert einfach nicht, wie der große Physiker Albert Einstein eindrucksvoll bewiesen hatte, ganz nach dem Motto, das wir schon aus der Bibel kennen: Und tausend Jahre sind wie ein Tag – und ein Tag ist wie tausend Jahre.

Der lebendigste Beweis für seine Theorie, dass sich die Seele dieses verunglückten Kindes nun in Tini manifestiert hatte, war für ihn die Tatsache, dass das kleine Mädchen sein Zuhause wiedererkannt hatte, als es mit seinem Vater Fotos aus dessen Arbeitsmappe angeschaut hatte. Ja, es hatte nicht nur das Haus wiedererkannt, sondern konnte auch genau die Räume beschreiben. Es hatte sogar eine Erklärung für den etwas merkwürdig anmutenden groben Drahtzaun, mit dem das Haus umgeben war. Es war ein Ziegengehege, in dem die kleine Ziegenherde der Familie zusammengetrieben wurde, bevor sie auf die Bergwiesen hinaufgeführt wurde. Jetzt, nachdem klar war, was Tini mit ihren Zeichnungen ausdrücken wollte, bekamen alle ihre anderen Aussagen einen Sinn. Auch das Sprechen in einer fremden Sprache war jetzt erklärbar.

Gregor hatte anhand des Fotos herausfinden können, wo er die Aufnahme gemacht hatte, und nun war es eine Fleißarbeit herauszufinden, wem das Haus heute gehört und von wem es bewohnt wird. Das war keine leichte Aufgabe, denn Gregor konnte nur die Gegend benennen, in der das Foto von jenem Haus aufgenommen worden war. Nun galt es herauszufinden, zu welchem Dorf, zu welcher Gemeinde dieses Haus gehörte. Dann endlich gelang es, nach wochenlangen Recherchen, die Dörfer zu lokalisieren, die als Heimatgemeinde für dieses Haus infrage kommen könnten. Das war wieder ein großer Schritt nach vorne, reichte aber bei Weitem nicht aus, um den Namen des Besitzers ausfindig zu machen. Als großer Hemmschuh und Zeitvergeuder erwiesen sich die nicht vorhandenen Kenntnisse der baskischen Sprache. Es gelang zwar ziemlich schnell, die Ortsvorsteher, die Alkateas, der einzelnen Gemeinden ausfindig zu machen, doch Kontakt mit ihnen aufzunehmen, war fast unmöglich. Keiner der baskischen Alkateas sprach Deutsch und keiner der Studenten sprach Baskisch.

Man sah bald ein, dass es ohne Hilfe eines Dolmetschers nicht gelingen würde, die Gemeinde zu finden, in deren Grenzen das Haus verzeichnet war. Gregor konnte sich auch nur noch an die Gegend erinnern. Zu welcher Gemeinde das Haus gehörte, wusste er nicht.

Die Lösung des Problems kam aber von einer Seite, mit der die Studenten gar nicht gerechnet hatten, sie kam aus dem Kindergarten. Tinis Freundin Lorea sprach doch Baskisch, sodass man davon ausgehen konnte, dass wenigstens ein Elternteil Baskisch sprechen würde. Kathrin schlug vor, Loreas Eltern zu fragen, ob sie eventuell als Dolmetscher helfen würden. Ja, kaum war die Bitte formuliert, sagten Loreas Eltern sofort Hilfe zu. Sie mochten Tini sehr und wollten unbedingt helfen, sie von ihren

Panikattacken zu befreien. So liefen nun die Drähte bei den Mendozas zusammen. Für die Studenten, die mit den Recherchen betraut worden waren, kam die Hilfe der Mendozas wie ein warmer Regen nach einer langen Dürreperiode. Sie kamen jetzt zügig voran und bald war die Gemeinde gefunden, in deren Gebiet das Haus registriert war. Nun war es einfach, den Namen des jetzigen Besitzers zu erfahren. Das Haus in den Bergen wurde seit mehr als 100 Jahren von der Familie Garai bewohnt. Die Witwe des Mikel Garai wohnte dort zusammen mit einer uralten Tante, die viel Leid erdulden musste, als sie noch jung war. Sie hatte zwei Töchter, noch im Kindesalter, zu Grabe tragen müssen und einer ihrer Söhne war im spanischen Bürgerkrieg gefallen. Ihr Mann hatte einen Schlaganfall mit nicht einmal 50 Jahren erlitten. Sie hatte ihn fast 20 Jahre lang aufopferungsvoll bis zu seinem Tod gepflegt. Danach verfiel sie in eine Art Starre, aus der nichts und niemand sie erwecken konnte. Frau Garai, ihre Nichte und die jetzige Besitzerin des Hauses, kümmerte sich liebevoll um sie. Angesichts des unendlichen Leides, das sie zeit ihres Lebens ertragen musste, fiel es Frau Garai nicht schwer, die Pflege zu übernehmen. Ihre körperlichen Bedürfnisse konnte sie alle befriedigen, aber an ihre Seele kam auch Frau Garai nicht ran. Die Tante saß nur da in ihrem Ohrensessel und starrte aus dem kleinen Kammerfenster. Sie sprach mit niemandem mehr, sie zeigte kein Interesse mehr an ihrer Umwelt, sie freute sich nicht mehr, aber sie jammerte und weinte auch nicht. Frau Garai, ihre Nichte, dachte manchmal für sich, mein Gott, sie ist doch schon tot, warum kann sie nicht sterben? Manchmal erweckte diese alte Frau den Eindruck, als würde sie auf jemanden warten, denn wenn von ihrem Kammerfenster aus sah, dass sich jemand dem Haus näherte, veränderten sich ihre Gesichtszüge. Man konnte fast meinen, sie würde ein leichtes Lächeln zustande bringen, das aber sofort verschwand, sobald sie wusste, wer gekommen war.

Nachdem nun die Besitzer ausfindig gemacht worden waren, konnte man den nächsten Schritt in die Wege leiten. Es war fast Herbst geworden und ein Zusammenführen der Witwe Ana Garai mit der kleinen Tini sollte noch vor Wintereinbruch stattfinden. Während der ganzen Vorbereitungszeit wurde Tini von Professor Altmann akribisch auf den Besuch in ihrem Haus vorbereitet. Sie hatte während dieser Zeit keine Anfälle mehr und immer wieder betonte sie, wie sehr sie sich freue, endlich wieder zu ihrer richtigen Mama gehen zu dürfen. Es war aber noch gar nicht sicher, ob Frau Garai einem Besuch Tinis mit den Eltern, dem Professor und mit Herrn Mendoza als Dolmetscher überhaupt zustimmen würde. Professor Altmann schlug vor, dass er zuerst mal mit Herrn Mendoza, Loreas Vater, zu Frau Garai reisen könnte, um ihr den Zweck von Tinis Besuch erklären zu können und um ein bisschen mehr über die Familie zu erfahren. Wie sollte man reagieren, wenn sie ein Zusammentreffen mit Tini ablehnen würde? Daran durfte man gar nicht denken. Und wie würde Tini reagieren, wenn sie nicht zu ihrer richtigen Mama reisen dürfe?

Der Vorschlag des Professors wurde selbstverständlich von allen Beteiligten begrüßt. Nicht auszudenken, wenn man mit Tini dorthin gereist wäre und Frau Garei würde die Bitte ablehnen, die an sie herangetragen worden war. Diese Befürchtungen lösten sich aber ganz schnell auf, denn noch während der laufenden Besprechungen traf eine Einladung von Frau Garei bei Tinis Eltern ein, die mit großer Freude angenommen wurde. Nach Abklärung aller Einzelheiten vereinbarten nun Professor Almann, Tinis Vater und Herr Mendoza einen Vorabbesuch, dem Frau Garei zustimmte. Sie war mittlerweile neugierig geworden und sah dem Besuch der drei Männer mit Spannung entgegen.

In weniger als einer Woche startete die Vorhut mit der Reise in die Pyrenäen, jede Menge Informationen im Gepäck, die notwendig waren, um Frau Garei auf das Zusammentreffen mit Tini vorzubereiten. Die Beschwerlichkeiten der Reise hatten sie ein wenig unterschätzt. Der Flug nach San Sebastian war entspannend und bequem, was aber danach kam, war sehr anstrengend. Die drei Männer hatten einen Wagen mit Fahrer gemietet, der sie in die Berge nach Dòrria bringen sollte und von dort aus zu jenem Haus, das Tini als ihr Haus gezeigt und beschrieben hatte. Sie hatte in einer der Sitzungen mit Professor Altmann sogar eine Beschreibung der Raumaufteilung abgegeben. Auch einige Möbelstücke, vor allem eine alte Standuhr, konnte sie genau beschreiben. Der Professor war gespannt, ob er das ein oder andere markante Stück aus ihrer Beschreibung erkennen würde.

Als sie vom Flughafen in San Sebastian losfuhren, waren die Straßen alle in einem guten Zustand und die Fahrt war ein Vergnügen. Erst als sie die ersten Hügel der Pyrenäen erreichten, wurden die Straßen enger und der Fahrbahnzustand ließ sehr zu wünschen übrig. Glaubte man nun, dass das, was unter den vier Reifen zu bewältigen war, das schlimmste sei, sah man sich getäuscht. Je höher das schmale Band der Straße, die man eigentlich gar nicht mehr Straße nennen konnte, in die Berge führte, desto schlechter wurde der Zustand. Tiefe Schlaglöcher und faustdicke Gesteinsbrocken riefen in den Männern im Wagen das Gefühl wach, man fahre querfeldein über eine Buckelpiste. Um dem Fahrzeug einen Achsenbruch und den Insassen einen unfreiwilligen Fußmarsch im steinigen Gebirge zu ersparen, drosselte der Fahrer drastisch das Tempo. Somit verlängerte sich die Reise um mehr als drei nicht eingeplante Stunden. Müde und völlig erschöpft kamen sie endlich doch unbeschadet, aber wie gerädert in Dòrria an. Sie hatten gehofft, nach ihrer Ankunft in dem Dorf einen Gasthof zu finden, in dem sie etwas trinken und vielleicht auch einen kleinen Imbiss zu sich nehmen könnten. In dem Dorf gab es keinen Gasthof. Aber ganz umsonst hatten sie doch nicht gehofft. Dieser kleine Ort hatte sich den Luxus gestattet, eine Tankstelle in seinem Ortskern zu beherbergen.

Dort wurden in dem schmalen Kassenraum ein paar Büchsen mit Getränken und ein paar Packungen mit Keksen angeboten. Tinis Vater, die diese kleinen Dörfchen schon einmal vor einigen Jahren bereist hatte, war überrascht, so viel Luxus vorzufinden. Vor Jahren, als er auf Fotosafari durch die Pyrenäen gereist war, war selbst dieses bescheidene Angebot an Dosengetränken und Kekspackungen nirgends zu finden gewesen.

Nach dieser kleinen Verschnaufpause machten sie sich auf zur nächsten Etappe ihrer Reise. Der Fahrer hatte sich bei dem Tankstellenbesitzer nach dem Weg zu jenem Haus der Familie Garei erkundigt, sodass sie nicht Gefahr liefen, auf den schmalen, kaum mit dem Auto befahrbaren Wegen die Orientierung zu verlieren. Dann endlich sahen sie das alte Haus, das von fern den Eindruck erweckte, als ob es wie ein Vogelnest am Berg kleben würde. Als sie endlich nach vielen nervenzehrend verbrachten Stunden im Auto auf fast unpassierbaren Holperstrecken am Ziel ihrer Reise angekommen waren, hatte bereits die Dämmerung eingesetzt. Zu ihrem Schrecken wurden sie auch noch gewahr, dass sie das letzte Stück bis zum Haus zu Fuß zurücklegen mussten. Es führte nur ein schmaler Fußpfad zum Haus, der zudem auch noch steil anstieg. Sie kamen aber doch heil am Haus an, schwer atmend zwar, aber glücklich, endlich, endlich am Ziel ihrer Reise angekommen zu sein.

Frau Garai erwartete sie schon vor der schweren massiven Eichenholztür, die sie mit einem Keil gesichert hatte, damit sie nicht von alleine zufallen könne. Ein wenig verhalten, aber doch freundlich und einladend bat sie die vier Männer ins Haus. Der Fahrer des Mietwagens wurde genauso freundlich ins Haus gebeten wie die drei angekündigten Besucher. Er sollte sie ja nach vollendeter Mission wieder zurück nach San Sebastian zum Flughafen bringen. Die Wohnräume der Familie lagen im 1. Obergeschoss. Das Erdgeschoss hatte in vergangenen Tagen die Stallungen für die Ziegen, die Wirtschaftsräume und die Futterkammern beherbergt. Jetzt waren diese Räume ungenutzt und leer, außer einem kleinen Anbau an der Südseite des Hauses. Es sah aus, als hätte man die übrigen Stallgebäude bereits dem Verfall preisgegeben. Frau Garai war ja auch nicht mehr die Jüngste, sie bewältigte die Arbeit nicht mehr so gut, wie sie das früher getan hatte, als sie noch jünger war. Zudem kümmerte sie sich um die fast hundertjährige Verwandte, der sie sehr viel Aufmerksamkeit schenkte. Frau Garei bat nun die vier Männer in die große gemütliche Wohnküche. Auf dem gusseisernen Herd verströmte bereits ein Topf mit Porrusalda, einem würzigen Lauch-Kartoffel-Eintopf, einen äußerst appetitanregenden Duft. Der große Esstisch aus massivem Eichenholz ließ erahnen, wie viele Menschen hier schon gemütlich und fröhlich miteinander gegessen hatten.

Frau Garei füllte nun die bereitstehenden tiefen Teller mit dem köstlich duftenden Eintopf und wünschte den vier Herren einen guten Appetit. Sie selbst verließ die Küche mit einem gefüllten Teller, den sie vermutlich der alten Frau brachte, einer Verwandten, die mit im Haus wohnte und von ihr versorgt wurde. Als sie wieder in die Küche zurückkehrte, stellte sie mit großer Genugtuung fest, dass der Eintopf den müden Pyrenäenstürmern vorzüglich gemundet hatte.

Das war das schönste Lob, das man ihr machen konnte und als sie fragte, wer noch eine zweite Portion haben wolle, bekundeten alle vier, dass sie ohne Weiteres eine zweite Portion noch gut vertragen würden. Darüber war sie sehr glücklich, sie gab die anfängliche Zurückhaltung auf und beteuerte, dass sie jene Männer am meisten mochte, die ihre Kochkünste zu schätzen wissen. Sie bemerkte aber auch, wie müde die vier waren und dass ernste Gespräche jetzt nicht mehr begonnen werden sollten. Sie zeigte ihnen ihre Schlafplätze, die Waschgelegenheiten und was sonst noch für die Nacht gebraucht werden würde.

Auf dem Weg zu den Schlafkammern durchquerten sie die große Wohnstube. Sofort fiel Gregor und auch Professor Altmann die große Standuhr auf, von der Tini gesprochen hatte. Sie sahen einander fast triumphierend an und nickten sich bejahend zu. Sie dachten beide das Gleiche. Wie hätte Tini von der Standuhr sprechen können, wenn sie niemals in dieser Wohnstube gewesen wäre. So vieles kam dem Professor bekannt vor. Er war ja auch die Person, die die meisten vorsichtigen Gespräche mit Tini geführt hatte. Nach der anfänglichen Zurückhaltung, die sie an den Tag gelegt hatte, hatte sie sich mehr und mehr geöffnet. Professor Altmann war es durch seine spezielle Fragetechnik gelungen, vieles in ihr in Erinnerung zu rufen und in ihrer kindlichen Sprache auch mitzuteilen. Jetzt, nachdem er die Küche und die Wohnstube gesehen hatte, fand er vieles bestätigt, was sie geschildert und beschrieben hatte.

Auf dem Weg in seine Kammer glaubte er, noch einige vertraute Dinge zu erkennen. Vertraut deshalb, weil Tini sich an diese Dinge erinnert hatte. So glaubte er, die alte Truhe zu erkennen, die an der Stirnwand des langen Flures stand, in der laut Tinis Erinnerungen Bettwäsche aufbewahrt wurde. Er war fast schon in der Versuchung, den Deckel der Truhe ein wenig anzuheben, um zu schauen, ob dort immer noch Bettwäsche drin war. Nein, er tat es natürlich nicht, es wäre auch sehr merkwürdig gewesen, wenn irgendjemand ihn beim Anheben des

Truhendeckels beobachtet hätte. Ein ehrbarer Professor schnüffelt nicht in fremder Leute Truhen herum. Die nächste Überraschung wartete auf ihn, als er die Tür zu seiner Kammer öffnete. Das Bett hatte einen Himmel und zwei Vorhänge aus grobem Filz, genau wie Tini die Betten in den Kammern beschrieben hatte. Er konnte seine Freude kaum verbergen und stieß einen leisen Juchzer aus. Ja, er fühlte die Erfüllung seines Traumes immer näherkommen. Mit Tini konnte er die Theorie der Reinkarnation nicht nur bestätigen, sondern es würde sogar gelingen, sie zu beweisen. Dann hätten endlich die Spekulationen um möglich, aber unbeweisbar ein Ende. Die Fachwelt würde dann endlich auch sein Forschungsgebiet ernst nehmen und es nicht mehr als esoterische Träumerei abtun. Schöne Aussichten für sein Wissenschaftlerherz, das für seine Forschungen auf dem Gebiet der Manifestation einer Seele in einen neuen Körper fast schon schmerzhaft brannte. Er würde den Beweis antreten, da war er ganz sicher.

Todmüde von der anstrengenden Reise, aber zufrieden und glücklich wollte er sich in das frisch bezogenen, irgendwie nach Heu riechende Bett legen, um sich auszuruhen. Er staunte nicht schlecht, als seine Wahrnehmung die Quelle des duftenden Heus lokalisiert hatte. Das Bett hatte statt einer Matratze einen dicht gestopften Heusack als Unterlage. Was für einen Schwall großartiger Geborgenheitsgefühle dieser simple Heusack in ihm hervorrief, war unbeschreiblich. Er fühlte sich plötzlich zurückversetzt in seine eigene Kindheit. Als ganz kleiner Junge schlief er auch auf einem Heusack, wenn er mit seinen Eltern die Großeltern in den Bergen besucht hatte. Wie glücklich und geliebt hatte er sich gefühlt, wenn die Großmutter ihn zu Bett brachte und ihm noch eine Geschichte erzählte. Er verband den Duft des Heus in diesem altertümlichen Bett, in dem er sich jetzt ausgestreckt hatte, wieder mit den Glücksgefühlen seiner Kindheit.

Ausgeschlafen und echt erholt trafen sich die vier Männer wieder in der großen Küche. Frau Garai hatte den Tisch schon gedeckt und man freute sich auf einen heißen starken Kaffee. Hm, damit konnte Frau Garai allerdings nicht aufwarten, Kaffee gab es im Hause Garai nicht. Eine winzig kleine Enttäuschung verspürten die Gäste schon, das konnten sie nicht leugnen, aber es gelang ihnen meisterhaft, dieses Enttäuschungsgefühl vor Frau Garai zu verbergen. Sie hatte mittlerweile die Küche verlassen und sagte nur, dass sie gleich zurückkomme wolle. Man flüsterte während ihrer Abwesenheit, dass es ja auch eine Zumutung für die Frau sei, vier Personen zu beherbergen und auch noch zu beköstigen. Für dieses gastfreundliche Verhalten würde man sich auch erkenntlich zeigen, kam aber ganz schnell von der Idee ab, ihr Geld anzubieten. Man vermutete, dass diese Geste eher als Beleidigung aufgefasst werden könnte denn als Dankbarkeitszeichen.

Man war noch mitten in der Diskussion, auf welche Weise man sich bedanken könne, als Frau Garai mit einer großen Milchkanne in die Küche zurückkehrte. Nun war für die vier Stadtmenschen klar, warum Frau Garai keinen Kaffee im Hause hatte. Wozu auch, wenn Ziegen im Ställchen an der Südseite des Hauses standen. Frau Garai hatte die Ziegen gemolken und goss nun die noch warme Milch in die bereitstehenden Schalen auf dem Frühstückstisch. Ein wenig skeptisch schauten die vier Männer schon drein, da noch niemand von ihnen Ziegenmilch getrunken hatte. Frau Garai lachte lauthals, als sie in die zweifelnden Gesichter schaute.

„Trinkt nur“, sagte sie lachend, „sie schmeckt einfach himmlisch!“

Gut, die vier Stadtmenschen nippten zunächst einmal ganz vorsichtig an der Milch, aber schon während sie die ersten zaghaften Schlückchen nahmen, hellten sich ihre Gesichter auf, die Skepsis war verflogen und die Milchschalen waren schnell bis auf den Grund geleert. Frau Garei nickte zufrieden lächelnd und füllte die Schalen noch einmal mit der frisch gemolkenen Ziegenmilch auf. Dunkles Brot, Ziegenbutter, Ziegenkäse und Salami luden nun ein, sich ihrer zu bedienen, was die vier Männer auch genüsslich taten, und sie sparten nicht mit Lob für Frau Garai, die sich sehr freute. Selten geschah es, dass sie Gäste hatte, von denen sie auch noch gelobt wurde. Die Bergbevölkerung der Pyrenäen war nicht dafür bekannt, dass sie große Worte machte. Ein knappes Danke war nach deren Gutdünken Lob genug.

… Während dieses urigen Frühstücks wurde auch über den Grund des Besuches gesprochen. Frau Garai, die im Vorfeld schon den Grund desselbigen erfahren hatte, hörte fast ungläubig zu, was Professor Altmann zu berichten hatte. Tini tat ihr soooo leid, ein kleines Mädchen, gequält von Albträumen und Panikattacken. Ja, sie würde dem Kind helfen, soweit ihr Beitrag zur Genesung hilfreich sein würde, das versicherte sie. Man vereinbarte nun einen festen Termin, wann das Mädchen dieses Haus, das es als sein Elternhaus bezeichnet hatte, besuchen würde. Die Fotos von Tini, die sie Frau Garai gezeigt hatten, brachten leider kein Licht ins Dunkel schemenhafter Erinnerungen. In Frau Garai wurden keine Erinnerungen wach und sie versicherte, dass es in ihrer

Familie kein Kind gab oder gegeben hatte, das Tini ähnlich sah.

So reisten die Männer wieder ab, mit der Gewissheit im Gepäck, dass sie in Frau Garai eine hilfreiche verständnisvolle Mitwirkende gefunden hatten. Gerne hätte der Professor auch die uralte Verwandte von Frau Garai kennengelernt. Nein, das wollte sie nicht, sie weigerte sich und war keinem Argument zugänglich, womit Frau Garei sie überzeugen wollte, doch noch ihre Zustimmung zu geben. Er musste wohl oder übel ihre Entscheidung respektieren, niemanden kennenlernen zu wollen. Nach einem herzlichen Abschied ging es nun zurück nach San Sebastian und dann zurück nach Deutschland. Professor Altmann war sehr zufrieden, hatte er in dem Haus in den Pyrenäenbergen doch weitere Indizien gefunden, die seine Theorie stützten. Er war fast sicher, dass er den endgültigen Beweis erbringen könne, sobald Tini dieses Haus besuchen würde. Alles, was sich bisher ereignet hatte, alle Gespräche mit Tinis Eltern und selbstverständlich alle Sitzungen mit Tini selbst waren akribisch gesammelt und archiviert worden. Der letzte Schritt würde nun den endgültigen Beweis liefern, dass Reinkarnation keine Spinnerei wäre. Professor Arnulf Altmann würde in die Annalen der Reinkarnationsforschung eingehen, als der Erste, der den entscheidenden Beweis geliefert hatte. Dieser Gedanke machte ihn glücklich und motivierte ihn täglich mehr, die Sache zu Ende zu bringen. Deshalb drängte er zu einem schnellen Entschluss, Tini in jenes Pyrenäendorf Dorria zu bringen. Dort würde sich zeigen, ob alles nur die Traumgespinste eines kleinen Mädchens waren oder ob sie wirklich in jenem Haus gelebt hatte.

Die Reise nach Dorria wurde für Mitte September geplant. Gregor, Tinis Vater drängte darauf, noch im Spätsommer die Pyrenäen zu bereisen. Oft setzte dort unvermittelt und ziemlich plötzlich Schneefall ein, der das ganze Unternehmen hätte gefährden können. Kathrin hörte ab und zu, wie Tini ihrem Teddybären Bruno von der bevorstehenden Reise erzählte: „Ich gehe bald zu meiner richtigen Mama. Sie wartet auf mich.“ Teddy Bruno verstand die Worte zwar nicht, die sie ihm ins Ohr flüsterte, aber er spürte ihre Freude. Er stimmte begeistert brummend zu, als sie ihm verriet, dass er mitkommen dürfe. Sie packte schon mal vorsorglich Brunos kleinen Koffer. Ein Teddybär muss ja schließlich auch eine Zahnbürste, einen Schlafanzug und ein paar Unterhöschen mitnehmen. Hm, da war ja noch ein bisschen Platz in Brunos Köfferchen, den man nicht ungenutzt lassen konnte. Tini packte deshalb noch eine Rolle Kekse und eine Tafel Schokolade mit dazu, für Bruno natürlich, der süße Kekse und Schokolade genauso liebte wie sie auch.

Endlich waren alle Vorbereitungen getroffen und am 12. September hob die Maschine vom Flughafen ab und flog Richtung Baskenland, nach San Sebastian. Tini, die noch nie eine Flugreise gemacht hatte, fürchtete sich zuerst, als die Flugzeugmotoren beim Start unerträglich laut aufheulten. Und als ihr kleiner Körper bei der enormen Beschleunigung des Flugzeuges fast mit Gewalt in den Sitz gedrückt wurde, schaute sie mit angstvollen Hilfe suchenden Blicken zu ihrem Papa. Ja, ihr Papa war immer der Rettungshafen, wenn Tini nicht mehr ein und aus wusste. Gregor hielt ganz fest ihre Hand und erzählte ihr etwas von Beschleunigung, Turbinen, Triebkraft und noch ganz vielen anderen Dingen, von denen sie nichts wusste und auch nichts hören wollte. Als diese Startphase beendet war und das Flugzeug seine Reisehöhe erreicht hatte, wurde es ruhiger und Tini entspannte sich zusehends. Jetzt wagte sie auch mal einen Blick aus dem Fenster. Sie staunte, als sie die weißen Wolken, die sie ja normalerweise nur von unten sehen konnte, von oben sah. Wie weiße Wattebäuschchen lagen sie unter ihr, das musste sie unbedingt Bruno zeigen. Sie hielt ihren Teddy ganz dicht ans Fenster, damit auch er hinunter auf die Wolken schauen konnte. Ganz herzhaft lachen musste sie, als eine Stewardess vorne vor der ersten Sitzreihe zum Mikrofon griff und erklärte, wie man eine Schwimmweste anlegt.

„Papa“, fragte sie lachend, „wir sind aber doch in einem Flugzeug oder? Warum müssen wir Schwimmwesten anlegen?“

Mit großer Geduld beantwortete er alle ihre Fragen, und es waren viele. Irgendwie war er erleichtert, als Tini eingeschlafen war. Sie konnte schon anstrengend sein, seine kleine Prinzessin, aber jetzt schlief sie. Sie lächelte im Schlaf und Gregor und Kathrin wussten, dass sie von ihrer richtigen Mama träumte.

Bei der Landung in San Sebastian hielt sie Bruno, ihren Teddybären, fest im Arm, so, als wolle sie ihn schützen, aber gleichzeitig wollte sie sich auch an ihm festhalten. Alles war so neu und unbekannt. Sie sog die Eindrücke, die auf sie einprasselten, wie ein Schwamm in sich auf. Man merkte schon, dass sie der Charaktertyp war, der erst einmal sammelt – sortiert und reflektiert wird später. Herr Mendoza, Loreas Vater, hatte schon von Deutschland aus einen Mietwagen mit Fahrer bestellt. Diesmal musste der Wagen etwas größer sein, da auch Tini und Kathrin, Tinis Mama, mit von der Partie waren. Es mussten nun fünf Fahrgäste plus

Fahrer im Wagen untergebracht werden. Ein Kleinbus war diesmal nötig. Abfahrbereit wartete er schon auf dem Flughafenparkplatz auf die kleine Gesellschaft. Die Freude war groß, als sie sahen, dass der gleiche Fahrer sie wieder chauffieren würde wie beim ersten Besuch in Dorria. Die Fahrstrecke hatte sich nicht von alleine verbessert. Immer noch war es eine Holperstrecke, die dem baskischen Fahrer eine ganze Menge Konzentration und Geschicklichkeit abverlangte. Aber trotz aller Hindernisse und Gefahrensituationen brachte er sie alle heil und sicher zum Haus in den Bergen.

Tini, die völlig übermüdet schon auf den ersten Kilometern hinter San Sebastian eingeschlafen war, wachte nun auf, so, als habe das Haus sie gerufen. Sie antwortete, noch halb verschlafen, mit einem begeisterten „Ja – Ja – Ja". Alle konnten sehen, wie ihre Augen leuchteten, als sie erkannte, wo sie war. Der Professor hatte seine Videokamera eingeschaltet und hielt nun jede Regung in Tinis Gesichtchen fest. Diese Aufnahmen sollten später in die Beweisführung integriert werden als weiteres wichtiges Indiz zur Festigung seiner Theorie. Das letzte Stück des Weges legten sie zu Fuß zurück, genau wie beim ersten Besuch. Tini sprang übermütig wie ein kleines Zicklein auf das Haus zu, sie konnte es kaum erwarten, zu ihrer richtigen Mama zu kommen. Enttäuscht hielt sie mitten im Lauf inne, als sie eine Frau in der Tür stehen sah, die nicht ihre richtige Mama war. Es war eine Frau, die sie nicht kannte, Frau Garai. Hilflos und fragend lief Tini zurück in die Arme ihres Papas, der immer wieder Rettungsanker und Zuflucht für sie war. Auch diesmal konnte er sie beruhigen.

Artig und höflich reichte sie Frau Garai zur Begrüßung die Hand. Voller Ungeduld trippelte sie von einem Bein auf das andere. Sie wollte endlich, endlich zu ihrer richtigen Mama. Gregor war nicht in der Lage, dem Kind zu erklären, dass es seine richtige Mama hier nicht wiedersehen würde, falls sie überhaupt jemals hier gewesen war.

Frau Garai hatte die Gäste in die Wohnstube geführt und diesmal hatte sie sogar Kaffee im Haus, den sie nun in den großen

Milchschalen servierte, die die männlichen Gäste bereits kannten und aus denen sie jene köstliche Ziegenmilch getrunken hatten. Für Tini hatte sie eine Schale mit Ziegenmilch auf den Tisch gestellt. Sie griff sofort danach, trank die Milch in großen Zügen und bemerkte mit fast verklärten Gesichtchen: „Oh wie gut, Ziegenmilch."

Gregor und Kathrin sahen sich an und staunten. Sie wussten beide, dass Tini nie Ziegenmilch getrunken haben konnte in ihrem 4½jährigen Leben. Wie konnte sie wissen, dass sie soeben Ziegenmilch getrunken hatte?

Während nun die Unterhaltung mit Hilfe von Herrn Mendoza flott in Gang kam, wurde die Tür zur Wohnstube fast lautlos geöffnet. Eine uralte Greisin betrat schlurfend die Wohnstube und ließ sich unbemerkt von den erwachsenen Personen schwerfällig auf dem großen Ohrensessel nieder, der in der Nähe der Tür stand. Die alte Frau war so klein und schmächtig, dass man sie in dem großen Sessel leicht hätte übersehen können. Niemand hatte bemerkt, dass sie die

Wohnstube betreten hatte, außer Tini. Sie sprang wie elektrisiert auf und schrie: „Momia, Momia, deitu didazu eta zuregana etorri naiz." Die Erwachsenen im Raum erstarrten und konnten nicht glauben, was sie sahen und hörten. Herr Mendoza fand als Erster seine Fassung wieder und übersetzte: „Mama, Mama, du hast mich gerufen und ich bin zu dir gekommen."

Die alte Frau breitete die Arme aus und Tini flog auf sie zu. Über ihr altes Gesicht, in dem sich in tiefen Falten so viel Leid und Trauer eingegraben hatte, huschte ein Hauch von Freude und dicke Tränen bahnten sich einen Weg durch Tausend Runzeln ihrer faltigen Wangen, Tränen, die erst in den Mundwinkeln hängen blieben.

„Maitani", flüsterte sie immer wieder, „Maitani." Mit fast übermenschlicher Anstrengung zog sie mit ihren mageren kraftlosen Armen Tini zu sich auf den Schoß und hielt sie fest an sich gedrückt. Es sah aus, als wolle sie mit dem Kind eins werden, mit ihm verschmelzen. Auch Tini klammerte sich an ihr fest. Sie legte ihren Kopf an die knochige

Schulter der alten Frau und begann zu sprechen: „Mama, ich bin nicht ungehorsam gewesen, bitte glaube mir. Ich konnte nicht mehr nach Hause kommen. Ich bin gefallen und bin niemals unten angekommen. Ich war mit den Ziegen oben am Drachenkopf, weil dort die besten Kräuter zu finden sind. Die Ziegen lieben diesen Platz und statt, dass ich sie führe, führten sie mich wie schon so oft zum Drachenkopf. Dann passierte es, ein Zickelchen hatte sich verstiegen und war in eine Spalte gestürzt, aus der es alleine niemals herausgekommen wäre."

Tini sprach jetzt nicht mehr wie eine Vierjährige, sondern wie ein älteres Mädchen. Das fiel nicht nur dem Übersetzer, Herrn Mendoza, auf, sondern die anderen Erwachsenen bemerkten den Wandel in Tinis Tonfall und ihrer Ausdrucksweise auch. Die alte Frau hörte aufmerksam zu und nickte zustimmend hin und wieder mit dem Kopf.

„Mama, das kleine Geißlein hat so jämmerlich geschrien, da ist die Ziegenmama zu ihm hinuntergestiegen und hat versucht es aus seiner Zwangslage zu befreien. Sie hat es nicht gekonnt.“ Tini konnte kaum weitersprechen. Tränen liefen ihr die Wangen runter und die Erinnerung an diese furchtbaren Hilfeschreie zweier Tiere, die sich in größter Todesgefahr befanden, schnürte ihr fast die Kehle zu. Mit tränenerstickter Stimme sprach sie weiter: „Mama, liebe, liebe Mama, das konnte ich nicht ertragen und deshalb bin ich vorsichtig nach unten gestiegen und es ist mir gelungen, das Zicklein aus der Felsspalte zu befreien. Es ist dann von allein wieder die Felsen hochgeklettert, dicht gefolgt von seiner Mutter, die glücklich war, dass ihr Ziegenkind gerettet war. Ich bin dann auch ganz vorsichtig wieder hochgeklettert und als ich gerade wieder das Plateau erreicht hatte, stürmte ein riesiger Steinbock auf mich zu und hat mich rückwärts den steilen Abhang hinuntergestoßen. Dann bin ich gefallen, Mama, ich bin gefallen und gefallen und gefallen. Ich bin nie unten angekommen. Deshalb konnte ich nicht mehr nach Hause kommen.“

Die alte Frau strich dem kleinen Mädchen sanft und tröstend über sein schwarzes

Lockenköpfchen. Immer und immer wieder fuhr die knochige alte Hand über Tinis dunkle Haare, so lange, bis sie, offenbar erschöpft, die Hand von Tinis Kopf gleiten ließ. Mit letzter Kraft legte sie ihre Hand auf die Lehne des wuchtigen Ohrensessels. Sie sehnte sich jetzt nur noch nach Ruhe, nach ewiger Ruhe. Maitani war gekommen, das war der letzte Gedanke, den sie noch zu denken imstande war.

Tini saß noch immer auf ihrem Schoß, als sie bemerkte, dass sie nicht mehr von den Armen der alten Frau gehalten wurde. Die Körperspannung der Greisin hatte nachgelassen. Sie atmete nicht mehr. Der Atem der Unendlichkeit hatte sie gestreift und mit seiner Begleitung hatte sie sich auf den Weg in eine andere Welt gemacht. Tini rutschte nun von ihrem Schoß runter. Sie nahm die Hand, die jetzt schlaff auf der Sessellehne lag, küsste sie und flüsterte: „Geh zu Maitani, Mama, sie wartet auf dich!“

Totenstille lag über der Wohnstube, man hörte nur das stille Weinen der Anwesenden. Jeder wusste, dass dies ein heiliger Moment war, der nicht durch lautes Wehklagen entweiht werden durfte. Die Seele der alten Frau sollte in Frieden und Stille ihren Körper verlassen können.

Tini war die Erste, die diese Stille unterbrach. Ihre Stimme hatte sich wieder verändert, sie war wieder die fast fünfjährige Tini. Sie lächelte und murmelte: „Ich war bei meiner richtigen Mama."

Dann ging sie zu Kathrin, schob ihre kleine Hand in Kathrins Hand und sagt leise: „Jetzt bist du meine richtige Mama."

12. Januar
Mister Snoop, der Meisterschnüffler

Der 12. Januar, ja, an diesem Tag betrat Dietrich von Tecklingsburg die große Bühne der Welt. Obwohl, betreten hat er sie ja nicht, er ist eher in sie hineingeschlüpft. Und was hatte er im Mund? Nun, den sprichwörtlichen goldenen Löffel, wie man so sagt. Dieses Attribut benutzt man gerne im Volksmund, um auszudrücken, dass ein Kind in eine äußerst wohlhabende Familie hineingeboren worden ist.

Bei Dietrich war es so. Sein Vater, Heinrich Baron von Tecklingsburg verfügte über ein recht beachtliches Vermögen, erworben durch geschickte Aktienspekulationen und sonstige Geldgeschäfte. Dietrichs Mutter, Amalie Baronin von Tecklingsburg, stammte auch aus einer sehr angesehenen Adelsfamilie, nämlich dem Geschlecht derer von Kaltenberg. Sie hatte als Mitgift zahlreiche Ländereien in die Ehe eingebracht, was ihrem Status als Amalie von Tecklingsburg natürlich guttat. Wer jetzt aber denkt, dass ihre Ehe nur eingegangen wurde, um eine finanzielle Zweckgemeinschaft zu bilden, sieht sich getäuscht. Heinrich und Amalie liebten sich wirklich und ihre Ehe konnte man als glücklich bezeichnen. Zwei Kinder hatte Amalie schon zur Welt gebracht. Ihr erster Sohn Gernot würde irgendwann einmal das Erbe antreten und den Titel Baron von Tecklingsburg weitertragen. Ihre Tochter Charlotte würde einmal in den europäischen Hochadel einheiraten, was natürlich den Ruf und den Status derer von Tecklingsburg sehr anheben und veredeln würde. Aber über diese Zukunftsereignisse wusste man bei Dietrichs Geburt noch nichts. Die beiden, Gernot und Charlotte, waren noch Kinder und wuchsen mit Gouvernanten und Kindermädchen auf.

Die Auswahl dieser wichtigen Personen im Leben eines adeligen Kindes wurde sehr sorgfältig vorgenommen. Baron und Baronin achteten sehr darauf, dass nicht nur die Referenzen der Bewerberinnen makellos waren, sondern dass auch die Kinder ihren künftigen Kindheitsbegleiterinnen herzlich zugeneigt waren. Das Leben eines adeligen Kindes war schon hart genug, da durften keine Spannungen das Vertrauensverhältnis zwischen Kind und Gouvernante belasten. Aber bleiben wir zunächst einmal bei

Dietrich, denn er wird eine Karriere hinlegen, die bei seiner Geburt niemand für denkbar gehalten hätte.

Über seine Geburt gab es nichts Spektakuläres zu berichten. Seine Mutter brachte ihn ohne Komplikationen ganz normal zur Welt, zu Hause auf Schloss Tecklingsburg. Anwesend waren nur zwei Hebammen, eine Krankenschwester, ein Gynäkologe und ein Kinderarzt. Amalie und das Baby waren also in besten Händen. Für eventuell auftretende Schwierigkeiten stand sogar ein Rettungswagen auf dem Schlossgelände, bereit für Notfälle, die nur chirurgisch hätten bewältigt werden können. Zum Glück wurde der Rettungswagen nicht benötigt und er konnte nach Dietrichs Geburt zu seinem Standort zurückkehren.

Ein kleiner Schatten lag aber doch über Dietrichs Geburt. Er war ziemlich klein, seine Beinchen und Ärmchen schienen extrem kurz zu sein und auch sein Näschen fiel ein wenig aus der Norm. Aber wie dem auch sei, der Kinderarzt, der den Kleinen gründlich untersuchte, bestätigte, dass er gesund sei und dass die auffälligen Merkmale sich in den nächsten Wochen und Monaten auswachsen würden.

Der Baron, dem man das Baby sauber und liebevoll bekleidet in die Arme legte, wunderte sich über das geringe Gewicht, und dass die Ärmchen ziemlich kurz waren, fiel ihm sofort auf. Er ließ sich aber schnell beruhigen, als der Kinderarzt ihm versicherte, dass sich alles, was ihm jetzt merkwürdig vorgekommen war, in den nächsten Wochen normalisieren würde. Trotzdem blieb ein kleiner Rest von Verwunderung über die kurzen Ärmchen und Beinchen und das seltsame Näschen in ihm haften. In späteren Jahren, als Dietrich längst erwachsen war, erinnerte er sich an die seltsamen Gefühle, die er nach Dietrichs Geburt empfunden hatte. Im Nachhinein deutete er sie als Vorahnungen auf ein merkwürdiges ungewöhnliches Schicksal, das Dietrich ereilen sollte.

Die ersten Wochen nach seiner Geburt hoffte man darauf, dass Ärmchen und Beinchen schnell auf ein normales Maß wachsen würden. Dietrich wuchs zwar und mit ihm auch seine Arme und Beine, aber sie blieben im Verhältnis zu seinem Körper klein, sehr klein sogar. Auch sein Näschen veränderte sich nicht. Als er ca. zwei Monate alt war, wurde eine Säuglingspflegerin für ihn eingestellt. Der Baron und seine Frau hatten zahlreiche gesellschaftliche Verpflichtungen, die sich nur schwer mit der Fürsorge und der Pflege eines Säuglings vereinbaren ließen.

So wurde Dietrich vom Gefühl her zu einem Waisenkind, obwohl er Eltern hatte, die sogar vorgaben, ihn zu lieben. Seine Mutter sah noch häufig nach ihm, leider trotzdem viel zu selten, sodass sich der Abstand zwischen Dietrich und seiner Mutter langsam, aber stetig vergrößerte.

Dietrich wendete sich emotional immer mehr seiner Säuglingsschwester zu, die ihm jene Liebe gab, die seine Mutter ihm immer öfter vorenthielt. Sein Vater scheute die Besuche im Kinderzimmer, der Blick auf dieses seltsam gestaltete Kind erschreckte ihn jedes Mal aufs Neue. Auch seine Mutter spürte die Distanz zwischen sich und dem Kleinen von Mal zu Mal deutlicher. Bald reduzierte man die Besuche im Kinderzimmer auf das Allernotwendigste.

Die Kinderfrau umsorgte ihn liebevoll und gab ihm alles, wozu seine Eltern nicht willens oder nicht imstande waren. Sie scheuten den Kontakt mit ihrem offensichtlich behinderten Sohn und überließen ihn bald ganz der Verantwortung der Kinderfrau.

Dietrich liebte Rosel, so war ihr Name, und er zeigte es ihr, so oft er konnte. Er konnte schon im Alter von vier Monaten krabbeln, worüber Rosel sich sehr wunderte, denn alle Säuglinge, die sie während ihrer langjährigen Tätigkeit als Kinderpflegerin betreut hatte, waren erst im Alter von sieben bis acht Monaten fähig gewesen, zu krabbeln. Dietrich konnte es schon mit vier Monaten, worüber sie sehr verwundert war. So früh konnte noch keines der von ihr betreuten Babys krabbeln.

Als er ein halbes Jahr alt war, bemerkte Rosel, dass mit seinem Näschen etwas passiert war, nein, es war nichts Schlimmes, es war nur sehr eigenartig. Dietrich konnte sein Näschen bewegen. Rosel musste herzlich lachen, als sie es zum ersten Mal bemerkte. Es sah aus, als würde er schnuppern, als würde er Gerüche wahrnehmen. Jedes Baby, das sie bisher betreut hatte, konnte das auch, aber es musste das Köpfchen in Richtung der Geruchsquelle drehen. Dietrich konnte sein Näschen zu der Duftquelle hinbewegen, ohne dass er sein Köpfchen drehen musste. Das sah so lustig aus, dass Rosel jedes Mal laut loslachte.

Trotz aller Freude, die sie mit dem kleinen Dietrich hatte, gab es etwas, worüber sie staunte und das ihr doch Sorgen bereitete. Didi, wie sie ihn immer liebevoll anredete, schrie und weinte nicht. Was bei allen anderen Babys normales Verhalten war, schien bei ihm nicht vorhanden zu sein. Seltsam, sie nahm sich vor, mit seinen Eltern darüber zu reden. Vielleicht wäre es doch sinnvoll, Dietrich einem Kinderarzt vorzustellen, der alle die merkwürdigen Dinge, die sich um das Baby herum ereigneten, untersuchen und gegebenenfalls auch therapieren würde.

Rosel befand sich wirklich in einem Dilemma. Einerseits war Dietrich ein ganz,

ganz braves Bürschlein, dem sie alle unangenehmen Dinge liebend gerne erspart hätte, andererseits zeigte er immer wieder merkwürdige Verhaltensweisen, die Rosel mit großer Sorge registrierte. Kurz vor seinem ersten Geburtstag sprach sie mit den Eltern über ihre Beobachtungen. Die Entscheidung, ob sie Dietrich einem Spezialisten vorstellen sollten, mussten die Eltern selber treffen.

Heinrich und Amalie warteten noch eine Weile. Irgendwie konnten und wollten sie nicht wahrhaben, dass ihr kleiner Dietrich nicht so recht gedeihen wollte. Nein, er machte keinen kranken Eindruck, aber es zeigte sich immer deutlicher, dass sein Wachstum nicht Schritt hielt mit den Erwartungen, die man diesbezüglich zu Recht an einen Einjährigen hatte. Er konnte noch nicht auf seinen kurzen Beinchen laufen, selbst das aufrechte Stehen bereitete ihm offensichtlich große Schwierigkeiten. Krabbeln, ja, das Krabbeln beherrschte er meisterhaft, aber müsste er nicht längst die ersten Schrittchen wagen, und sei es nur an der

Hand von Rosel? Nein, da tat sich noch nichts. Hatte man anfangs noch gehofft, dass seine Proportionen sich von alleine normalisieren würden, so wurde jetzt doch immer deutlicher, dass Arme und Beine im Wachstum sehr zurückgeblieben waren. Auffällig war auch, dass er noch keine Silbe sprechen konnte. Er gab nur undefinierbare Laute von sich, die mit Sprachübungen nichts zu tun hatten. Das Einzige, was überragend gut funktionierte, war seine merkwürdig geformte Nase, von der zu jener Zeit noch niemand ahnte, dass sie in seinem künftigen Berufsleben einmal eine tragende Rolle spielen würde.

Rosel, die als erfahrene Säuglingspflegerin sah, dass Dietrich dringend Hilfe brauchte, schlug nun wirklich Alarm. Sie forderte ganz dringend, dass der Kleine einem Arzt vorgestellt werden müsse. Auf ihr Drängen hin willigten die Eltern nun ein, sich um Hilfe für Dietrich zu bemühen.

Der Baron bat nun einen der berühmtesten Kinderärzte Deutschlands, Professor Dr. Ludwig Beckinger, um einen Besuch auf der

Tecklingsburg. Der Termin wurde auch sehr schnell vereinbart. Kein Wunder, wenn man Heinrich von Tecklingsburgs Jungen zu seinen Patienten zählen dürfte, wäre das ein unschätzbarer Prestigezuwachs. Mit Sicherheit würde sein guter Ruf auch in Adelskreisen mehr Beachtung finden und ihm außerdem gewiss Patienten aus dem Geldadel zuführen. Das waren Gedanken, die neben der medizinischen Herausforderung ebenfalls im Hinterkopf des Professors sehr motivierend kreisten.

Es vergingen nur ein paar Tage bis zur Ankunft des Professors. Er kam natürlich nicht alleine, sondern war in Begleitung einer Assistentin, eines Humangenetikers und eines Orthopäden. Alles, was Baron Heinrich von Tecklingsburg ihm bei dem letzten Telefonat berichtet hatte, deutete entweder auf ein orthopädisches Problem hin oder – was schlimmer wäre – auf einen Gendefekt. Er schloss auch ein psychisches Problem nicht aus, konnte aber in der kurzen Vorbereitungszeit keinen Kinderpsychiater verpflichten.

Amalie und Heinrich empfingen den berühmten Professor und seine Mitarbeiter mit großer Herzlichkeit und ihre Gastfreundschaft, die weithin bekannt und geschätzt war, ließ nichts zu wünschen übrig. Am Abend saß man noch gesellig und gut gelaunt zusammen und der Professor hörte aufmerksam den Schilderungen der Eltern des kleinen Sorgenkindes zu. Er würde Dietrich morgen früh sehen und sich selbst einen ersten Eindruck verschaffen. Mit Spannung erwartete er die Schilderungen der Kinderfrau. Dietrich war seit mehr als einem Jahr in ihrer Obhut und ihre Wahrnehmungen waren höher einzuschätzen als die der Eltern, die den Kleinen nur hin und wieder sahen.

Als Professor Beckinger mit seinen Begleitern den Flügel im Schloss betrat, der die Räume für das Baby und die Säuglingspflegerin beherbergte, ahnten diese Besucher noch nicht, womit sie gleich konfrontiert werden würden. Sie hatten mit vielem gerechnet, weil sie auch schon vieles gesehen hatten, aber was sich hinter der Tür mit der

Aufschrift Spielzimmer verbarg, ging über alle Vorstellungskraft hinaus. Baronin Amalie klopfte leise an und mit einem freundlichen „kommen Sie doch rein“ wurde von Rosel geantwortet. Sie traten also alle ein mit der Erwartung, ein 1 ½jähriger Wirbelwind würde ihnen entgegenkommen oder er würde sich hinter seiner Kinderfrau verstecken. Nein, nichts dergleichen.

Dietrich lag bäuchlings auf einer Decke. Rund um ihn herum und im ganzen Raum verteilt lagen jede Menge bunter Bälle, was darauf schließen ließ, dass dies seine Lieblingsspielzeuge waren.

Mit Entsetzen bemerkten sie, dass Dietrich ihr Kommen registriert hatte und dass er nun neugierig war und sie in Augenschein nahm. Nein, das ist nicht ganz korrekt. Seine Augen kamen dabei gar nicht ins Spiel, er richtete seine Nase in Richtung der fremden Menschen, die ihn entsetzt anstarrten. Dann stützte er sich auf seine Ärmchen, zog die Beinchen an und krabbelte auf allen vieren zu den Fremden hin. Es war nicht das Krabbeln, das die Besucher so sehr erschreckt hatte. Das war ja nichts Ungewöhnliches. Alle Babys und Kleinkinder krabbeln, auch wenn sie eigentlich schon laufen können. Es war die Nase, die deformierte Nase, die Dietrich bewegen konnte und mit der er eifrig und gierig die neuen Gerüche in sich aufnahm. Alle drei konnten sich des Gedankens nicht erwehren, dass dieses Schnüffeln und Schnuppern eher an ein Tier erinnerte als an ein menschliches Baby. Sogleich verwarfen sie diesen abscheulichen Gedanken aber wieder, da er ethisch und moralisch nicht zu verantworten war. Hier krabbelte ihnen ein Baby mit einer missgebildeten Nase und mit viel zu kurzen Ärmchen und Beinchen entgegen. Der Kleine schaute hoch zu den Besuchern, fixierte sie einen Augenblick mit den Augen, so, als würde er ein Ziel anvisieren und dann … ja, dann schubste er mit der Nase einen Ball in Richtung des Professors, der ihn wie automatisch zurückrollen ließ. Rosel warnte davor, sich auf dieses Spiel mit Dietrich einzulassen, da er vermutlich kein Ende finden würde, bis sie die Bälle alle aufgesammelt und im Schrank verstaut haben würde. Das Spiel wurde aber noch ein paar Minuten fortgesetzt, bis Rosel die Bälle alle aufgelesen hatte. Dietrich gab zwar ein paar Unmutsäußerungen von sich, beruhigte sich aber sehr schnell wieder und die Ärzte konnten mit den Untersuchungen beginnen.

Drei Tage lang beschäftigten sich die Spezialisten mit Dietrich und seinen Anomalien. Die Assistentin, die nicht nur eine ausgezeichnete medizinische Hilfskraft war, sondern auch noch eine perfekte Sekretärin, erfasste akribisch alle Ergebnisse der verschiedenen Untersuchungen. Sie hielt sie schriftlich und im Bild fest, archivierte sie und ordnete sie den jeweiligen Fachgebieten der einzelnen Ärzte zu. Ihr waren die Terminologien der verschiedenen medizinischen Fachgebiete geläufig, sodass ihr auch keine Fehler unterliefen. Ja, genau das war es, was Professor Beckinger so sehr an ihr schätzte.

Am vierten Tag reisten die Mediziner ab mit Untersuchungsunterlagen, die nun darauf warteten, peinlichst genau analysiert zu werden, um vielleicht eine Therapie entwickeln zu können. Der Humangenetiker meldete aber starke Zweifel an. Vielleicht konnte man eine sichere Diagnose stellen, ja, das würde gelingen, aber eine Heilung würde wohl nicht möglich sein, da es sich offensichtlich um einen ganz seltenen Gendefekt handeln würde. Diese Thematik wurde natürlich nur unter den Medizinern erörtert. Die Eltern würden erst informiert werden, wenn gesicherte Untersuchungsergebnisse vorliegen würden. Es könne Monate dauern, bis alles korrekt ausgewertet sei.

Die Monate vergingen und das neue Jahr hatte schon begonnen. Dietrich würde am 12. Januar zwei Jahre alt werden und Rosel müsste bald ersetzt werden durch eine Gouvernante, eine Erzieherin, die ihn bis zur Volljährigkeit begleiten müsse. Eine passende Frau zu finden, gestaltete sich als äußerst schwierig. Dietrich war nun mal etwas ganz Besonderes und dementsprechend besonders sollte auch seine Erzieherin sein. Es hatten sich schon einige Frauen mit sehr guten Referenzen vorgestellt, aber keine war dabei, die sich dieser Herausforderung über viele Jahre gewachsen sah. Da auch zu erwarten war, dass er keine normale Schule besuchen könne, war eine zusätzliche Qualifikation gefordert, die die Bewerberinnen nur lückenhaft vorweisen konnten. Der allertriftigste Grund für eine Ablehnung war aber, dass Dietrich Angst vor der jeweiligen Bewerberin zu haben schien. Er schnüffelte sie noch nicht einmal neugierig an, so, wie er es immer tat, wenn er mit jemandem zusammentraf, den er noch nicht kannte. Rosel war unendlich traurig, weil sie Didi, wie sie in liebevoll nannte, verlassen musste, ohne sicher zu sein, dass sie ihn in gute Hände übergeben konnte. Zudem kam Anfang Januar noch die Diagnose Treacher-Collins-Syndrom, ein irreparabler Gendefekt, nicht heilbar. Sie hatte Didi im Herbst mehrfach zu verschiedenen Kliniken begleitet, in denen er sich verschiedenen Untersuchungen unterziehen musste, die zur Diagnosefindung absolut nötig waren. Und nun kam diese niederschmetternde Nachricht, die jede Hoffnung auf Heilung zunichtemachte.

Die Traurigkeit in Rosel war unermesslich. Selbst seine Eltern, die ihn fast schon aufgegeben hatten, waren tief betroffen von dieser niederschmetternden Nachricht. Was sollte bloß aus ihm werden? Er konnte nicht aufrecht gehen, er konnte nicht sprechen und er war derart missgestaltet, dass es wehtat, ihn anzuschauen. Noch mehr schmerzte es, dass man ihn nicht lieben konnte, nicht so, wie es nötig gewesen wäre, um ihm Sicherheit und Geborgenheit zu schenken, die er nötiger gebraucht hätte als sämtliche Hilfsmittel, die man ihm zur Hand geben konnte. Rosel würde bald ihre Stellung verlassen und eine würdige Nachfolgerin war weit und breit nicht in Sicht.

Baron von Tecklingsburg war tief erschüttert, als er die Diagnose in Händen hielt. Der Kleine tat ihm so leid, dass er in seinem Herzen die Entscheidung traf, dass er ALLES, was menschenmöglich war, für Dietrich machen würde. Wenn er ihn schon nicht wie einen Sohn lieben konnte, würde er alle seine

Verbindungen und Beziehungen spielen lassen, damit auch Dietrich ein erfülltes Leben leben könne.

An den folgenden Tagen war der Baron sehr still und in sich zurückgezogen, er dachte nach. Stunde um Stunde ging er in seinem Arbeitszimmer auf und ab und grübelte, wie er Dietrich wirklich wirksam helfen könne. Ein Gedanke schreckte ihn und schnürte ihm fast die Kehle zu. Die Vorstellung, Dietrich würde das Potenzial, das zweifellos auch in ihm steckte, nicht entfalten können, machte ihm Angst. Dietrichs Behinderungen waren alle körperlicher Art. sein Geist aber war hellwach und irgendwann käme der Zeitpunkt, an dem er sein Dilemma erkennen würde. Davor, dass er dann in eine tödliche Verzweiflung stürzen würde, müsse er das Kind bewahren. Wie, das wusste er noch nicht, aber er war zuversichtlich, dass er das Richtige finden würde.

Der 12. Januar, Dietrichs Geburtstag, rückte immer näher und die Vorbereitungen liefen auf Hochtouren. Der mittlere Speisesaal wurde kindgerecht hergerichtet und dekoriert, es sollte nämlich für Dietrich eine richtig zünftige Geburtstagsparty gefeiert werden. Didi hatte zwar keine Freunde, aber seine größeren Geschwister hatten eine Menge ihrer Freunde eingeladen, sodass es kein trauriger Einpersonengeburtstag sein würde, sondern ein fetziger Kindergeburtstag mit allem, was dazugehörte. Eine Event-Agentur war beauftragt worden, dieses Fest so lustig und spannend zu gestalten, wie es nur irgend möglich war. Ein Clown und ein Zauberer würden die Kinder mit Sicherheit in ihren Bann ziehen und Didi hätte seine helle Freude an dem ganzen Spektakel. Dieser Geburtstag wurde zum wichtigsten Tag in Dietrich von Tecklingsburgs Leben.

Die Event-Agentur war an jenem denkwürdigen 12. Januar gerade fertig mit allen Vorbereitungen und man wartete jetzt nur noch auf die Blumenlieferung der Gärtnerei, damit man dem Geburtstagssaal noch das letzte Krönchen aufsetzen konnte. Kaum war der Gedanke ausgesprochen worden, fuhr auch schon der Lieferwagen der

Gärtnerei vor. Hatte man nun einen jungen Mann erwartet, der die schweren Blumenkörbe in den Geburtstagssaal schleppen würde, sah man sich getäuscht. Eine zierliche dunkelhaarige Frau stieg aus, schnappte sich von der Ladefläche gleich zwei Blumenkörbe und trug sie die breite Eingangstreppe hinauf, so, als wäre das für sie überhaupt kein Problem. Baron Heinrich trat zufällig gerade vor das breite Eingangstor und wollte schon helfend eingreifen, da wehrte die Blumentante ab und sagte: „Nein, nein, lass mal, Bursche, ich schaffe das schon alleine!“ Der Baron brach in schallendes Gelächter aus und die attraktive Blumenfee mit den eisenharten Muskeln grummelte: „Was gibt es denn da zu lachen? Wenn du schon hier rumstehst, dann kannst du auch die nächsten Körbe hochschleppen. Komm, mach, steh hier nicht rum, als wärst du der Baron von Tecklingsburg!“

Ganz kleinlaut, mit gespielter Demut raunte er ihr zu: „Ich bin der Baron von Tecklingsburg!“

Erschrocken hielt sie inne, setzte die beiden Blumenkörbe ab und dachte, oh mein Gott, wie peinlich, das ist jetzt nicht wahr, wo ist das nächste Mauseloch, in dem ich verschwinden könnte? Sie war kreidebleich geworden, sie hatte den Baron geduzt und ihn auch noch Bursche genannt. „Ent… Ent… Entschul… Entschuldigung, Herr Baron“, stotterte sie. „Ich wusste nicht, dass … Ich kannte sie ja nicht. Es tut mir leid, es tut mir so leid, bitte verzeihen Sie mir!“

Der Baron amüsierte sich köstlich, so etwas war ihm auch noch nicht passiert. Er versuchte, die Blumenfee zu trösten, aber die hatte ihre Fassung bereits wiedergefunden und nun lachte sie auch.

Während dieses kleinen Zwischenfalls kam Dietrich heimlich still und leise durch das große Eichenportal gekrabbelt, von niemandem bemerkt, außer von der Blumenfee. Sie wandte sich ihm zu. Dietrich hob sein Näschen in die Luft, um zu erschnuppern, wer denn da gekommen sei. Und als er sie per Nase geprüft hatte, beschleunigte er seinen Krabbelgang und bewegte sich schnell auf die Blumenfrau zu. Sie sah ihn kommen und ging sofort in die Knie, damit sie ihn auf gleicher Höhe würde begrüßen können. „Wer bist DU denn?“, fragte sie lachend und da sie sah, dass er nicht antworten konnte, hob sie ihn vom Boden auf und nahm ihn auf den Arm. „Du bist bestimmt das Geburtstagskind?“ Sie wunderte sich nicht über sein merkwürdiges Aussehen, nicht über seine merkwürdige Nase und nicht über seine kurzen Ärmchen und Beinchen.

Den Baron hatte sie ganz vergessen, jetzt war nur das kleine Wesen auf ihrem Arm wichtig. Sie spürte, wie sein Herzchen wild vor Freude klopfte, und es war, als würde sich jetzt, gerade in diesem Augenblick, ein unzertrennliches Band um ihrer beider Herzen legen. Rosel, die Didi nachgegangen war, stand vor dem Portal mit Tränen der Rührung in den Augen. Noch nie, nie, nie hatte Didi zugelassen, dass jemand anders als sie selbst und die beiden Eltern ihn auf den Arm nehmen dürfen. Und von dieser fremden Frau ließ er sich einfach auf den Arm nehmen, ohne in Panik zu geraten?

Unfassbar, Rosel konnte nicht glauben, was sie sah. Auch der Baron staunte, so emotional hatte er Dietrich noch nie erlebt. Sollte das vielleicht …, dachte er, nein, das kann nicht sein. Sie ist nur eine Blumenfrau, nein, wir brauchen eine Erzieherin, keine Blumenfrau. Obwohl … wann hatte Dietrich sich jemals von jemand Fremdem auf den Arm nehmen lassen?

Rosel hatte Didi mittlerweile wieder vom Arm der Blumenfee heruntergenommen und war mit ihm nach drinnen gegangen, um noch die letzten Handgriffe anzulegen, damit Didi eine tolle Geburtstagsparty haben würde.

Der Baron war nach diesem sonderbaren Vorfall mit Dietrich und der Blumenfrau sehr nachdenklich geworden. Er hatte deutlich die Sympathie gespürt, die er auf diese Art noch nie bei Dietrich bemerkt hatte. Er half jetzt, die schweren Blumenkübel in den Partysaal zu tragen und als die Ladefläche des Lieferwagens leer war, schickte die Blumenfee sich an, wieder in die Gärtnerei zurückzukehren. Bevor sie einstieg, fragte er sie, wie sie denn heiße, immerhin wolle man doch wissen, mit wem man es zu tun habe. „Ja, ja“, lachte sie, „ich hätte auch gerne gewusst, mit wem ich es zu tun habe, bevor ich Sie Bursche genannt habe. Ich heiße Monika, gute Freunde nennen mich Moni und ganz gute Freund nennen mich Monchen.“

„Gut“, konterte der Baron scherzend, „dann nenne ich Sie Monchen!“

„Was?“, protestierte Monika. „Monchen dürfen mich nur auserwählte Freunde nennen!“

„Aha“, schmollte der Baron, „und ich bin nicht auserwählt?“

„Nein“, knurrte Monika zurück, startete den Lieferwagen und ließ den Baron einfach stehen. Wenn der meint, nur weil er Baron ist, kann er sich bei mir einschmeicheln, hat er sich geirrt. Baron hin, Baron her, und Kraft in den Muskeln hat er auch nicht. Monika, die Blumenfee, war ein bisschen sauer. Sie selbst, und sonst niemand, entschied, wer ein Freund und wer ein ganz guter Freund war. In dieses Konzept passte der Baron von Tecklingsburg überhaupt nicht.

Der Baron als Freund? Nein, niemals, allenfalls der Kleine, der sie so liebevoll begrüßt hatte. Er tat ihr leid und sie wünschte ihm aus ganzem Herzen einen unvergesslichen zweiten Geburtstag. Immer wieder wanderte er auf allen vieren durch ihre Gedankenwelt. Sie mochte sich kaum vorstellen, wie sein Tagesablauf aussehen könnte und – so verrückt, wie es auch klingen mag – schickte sie ihm täglich gute Wünsche in sein armseliges behindertes Leben.

Der Baron, der jene Begegnung mit der Blumenfee auf der Schlosstreppe nicht vergessen konnte, schmunzelte bei dem Gedanken, dass sie ihn Bursche genannt hatte und dass sie sein Freundschaftsangebot schroff abgelehnt hatte. So etwas war ihm ja noch nie passiert. Alle Begegnungen, die er jemals erlebt hatte, waren geprägt von aufgesetzter Höflichkeit und Freundlichkeit. Er erinnerte sich zurück an seine Studentenzeit. Niemand wusste, dass er ein Adeliger war. Er nannte sich damals nur Heinrich Tecklingsburg und unter diesem Namen gelang es ihm unter seinen Kommilitonen echte

Freunde zu gewinnen. Die Freundschaften, die er damals geknüpft hatte, waren heute noch lebendig. Wenn er sich mit seinen Freunden traf, war er nicht der Baron Heinrich von Tecklingsburg, sondern nur noch Henry, so nannten sie ihn damals und so nannten sie ihn noch heute. Ja, das waren schöne Erinnerungen an die beste Zeit in seinem bisherigen Leben, denen er sich gerne hingab.

Aber er konnte nicht allzu lange emotional in seiner Vergangenheit verweilen. Dringende Sorgen und Probleme erforderten seine ganze Aufmerksamkeit. Seine Gattin Amalie teilte selbstverständlich gerne alle seine Zukunftsvisionen mit ihm. Wie schon gesagt, die beiden waren einander herzlich zugetan und verbrachten nicht nur die guten Tage miteinander, sondern sie gingen auch gemeinsam durch die trüben Tage. Er hatte ihr noch an Dietrichs Geburtstag von der merkwürdigen Begegnung mit Monika, der Blumenfrau, erzählt. Er bewunderte im Nachhinein immer wieder ihre Stärke. Nein, es war nicht nur ihre Muskelkraft, die ihn erstaunt hatte, sondern ihre emotionale Stärke, ihre Geradlinigkeit und ihre Ehrlichkeit. Als sie erfuhr, dass er nicht der Bursche war, sondern der Baron, war sie nicht vor lauter Ehrfurcht auf die Knie gegangen, sondern hatte sich entschuldigt und damit war die Sache für sie erledigt.

Während Amalie ihm aufmerksam zuhörte, spürte sie förmlich seine Begeisterung und sie verstand auch, dass es nicht die Frau war, die er bewunderte, sondern ihr Charakter, ihre Aufrichtigkeit und ihre emotionale Stärke. Besonders gefiel es der Baronin, als ihr Mann von der unerwarteten Begegnung mit ihrem kleinen Sorgenkind Dietrich erzählte. Mit welcher Selbstverständlichkeit und liebevollen Zuwendung hatte sie ihn auf den Arm genommen und Dietrich, der sonst nur mit Ablehnung reagierte, wenn irgendeine fremde Person in seine Nähe kam, schien sich auf ihrem Arm wohlzufühlen.

„Heinrich“, sinnierte sie, „ist das nicht die Art von Persönlichkeit, die wir uns vorgestellt hatten als Dietrichs Gouvernante? Auf alle Bewerberinnen mit den allerbesten

Referenzen hat Dietrich nur mit Ablehnung reagiert. Aber bei deiner Blumenfee Monika war es anders. Er hat Sympathie gezeigt. Ist es nicht genau das, was wir uns für Dietrich wünschen?“

Der Baron antwortete nicht sofort, aber seine Gattin hatte nun genau das ausgesprochen, was ihm seit Tagen schon durch den Kopf gegangen war.

„Ja“, meinte er zustimmend, „du hast recht, Amalie. Wenn sie auch keine Referenzen hat, sie hat etwas viel Wertvolleres, sie hat ein Herz für Dietrich! Wer sein Leben solch zarten Wesen wie Blumen widmet, der hat auch ein Herz für unseren armen kleinen Dietrich. Wusstest du übrigens, dass Rosel ihn immer Didi nennt? Das zeigt uns, dass auch Rosel die richtige Kinderfrau war. Gut, ich werde nun versuchen, mich mit Monika in Verbindung zu setzen. Vielleicht hat der Himmel uns einen Engel namens Monika für Dietrich geschickt!“

Schon am nächsten Tag nahm der Baron Kontakt mit dem Inhaber des

Blumengeschäfts auf und fragte nach der Telefonnummer von Monika. Oh, da war er aber an die falsche Adresse geraten. Der Gärtnermeister lehnte es strikt ab, Monikas Telefonnummer ohne ihr Einverständnis weiterzugeben, auch nicht an seinen besten Kunden, den Baron von Tecklingsburg. Oh je, mit Widerstand hatte der Baron überhaupt nicht gerechnet. Er war gewöhnt, dass alle seine Anfragen sofort und ohne Umschweife positiv beantwortet wurden, er kannte es nicht anders. Monikas Chef versprach allerdings, dass er ihr Einverständnis zur Weitergabe ihrer Telefonnummer einholen wolle. Na ja, dachte der Baron, zum zweiten Mal innerhalb von ein paar Tagen war er einem Menschen begegnet, der nicht in Ehrfurcht vor ihm in die Knie ging, sondern der aufrichtig und ehrlich das sagte, was er zu sagen hatte, auch wenn es ihm nicht gefiel. Ein paar Stunden später ließ der Baron sein Sekretariat in der Gärtnerei anrufen, um nachzuhören, wie Monika sich bezüglich der Weitergabe ihrer Telefonnummer entschieden hatte. Ja, sie hatte sich positiv entschieden, vergessen war der kleine Zwist zwischen ihr und dem Baron und nun war sie natürlich neugierig, was den Baron umtrieb, weil er unbedingt mit ihr sprechen wolle. Sie wartete nun gespannt auf das Telefonat mit dem Schlossherrn.

Als sie am späten Nachmittag zu Hause war, musste sie nicht lange warten und das Sekretariat vom Schloss meldete sich. Die Verbindung zum Chef wurde hergestellt und der Baron grüßte sie sehr freundlich. Er kam gleich zur Sache und sprach eine Einladung aus für den nächsten Sonntag zu einem Treffen mit Dietrich, seiner Gemahlin Amelie und der scheidenden Kinderfrau Rosel und ihm selbst natürlich auch. Monika war sehr überrascht über diese Einladung. Sie konnte aber keine Erklärung für den Grund dieser Zusammenkunft finden. Sie war sehr neugierig und nahm die Einladung dankend an. Sie freute sich sogar ein wenig, weil sie Dietrich wiedersehen würde. Der Kleine tat ihr zwar leid, aber sie sah in ihm nicht das behinderte Kind, sondern ein besonderes

Kind mit besonderen Fähigkeiten. Sie sah in ihm ein Wunderkind.

Bewaffnet mit einem kleinen Strauß gelber Mimosen für die Baronin und mit einem quittegelben Ball für Dietrich machte Monika sich auf den Weg ins Schloss. Dass Mimosen wegen ihres betörenden Duftes die Lieblingsblumen der Baronin waren, wusste Monika aus der Presse und mit der Farbe des Balls würde sie bestimmt auch Dietrichs Geschmack treffen. Ihm war die Farbe vielleicht gar nicht wichtig. Er freute sich wahrscheinlich weniger über die Farbe als über jemanden, der mit ihm sein geliebtes Ballspiel zelebrierte.

So stand sie nun, ein wenig aufgeregt, vor dem rustikalen Eingangsportal des Schlosses und wartete, dass man ihr öffnen würde. Ein junges Mädchen in einem schwarzen Kleid und einer weißen spitzenbesetzten Schürze öffnete ihr, begrüßte sie freundlich und geleitete sie in den kleinen Salon, wie sie ihn nannte. Die Tür war noch nicht ganz geöffnet, da hatte Dietrich sie schon entdeckt. Er lief auf allen vieren auf sie zu und flog ihr förmlich in die Arme. Das Mimosensträußchen und der Ball landeten notgedrungen und unbeachtet auf dem Teppich, denn sie brauchte beide Arme, um Dietrich aufzufangen. Sie hob ihn hoch in die Luft, drehte sich mit ihm im Kreis und herzte und küsste ihn, was Dietrich sichtlich genoss. Rosel und die Eltern des Kleinen staunten über so viel Temperament, das bei dem Jungen nur ganz selten aufblitzte. Deshalb war diese stürmische Begrüßung einer Frau, die er nur ein einziges Mal gesehen hatte, mehr als nur ein Zeichen von Sympathie. Man schaute sich zustimmend gegenseitig an und war sicher, dass Dietrich seine Wahl getroffen hatte. Rosel hatte Tränen in den Augen und die Eltern hofften inständig, dass Monika dem Jobangebot zustimmen würde. Ach, du lieber Himmel, die Mimosen und der Ball, dachte Monika. Sie hatte beides total vergessen, so sehr hatte Dietrichs Freude sie begeistert. Sie setzte ihn wieder zurück auf den Boden, hob das Blumensträußchen auf und überreichte es der Baronin mit einer kleinen Entschuldigungsgeste. Dietrichs

Wiedersehensfreude war sehr viel wichtiger als ein Blumensträußchen für seine Mutter. Die Baronin sah das genauso und eine Welle von Sympathie schwang zwischen den beiden Frauen hin und her. Das waren sehr gute Voraussetzungen für das anstehende ernste Gespräch, das hoffentlich für Dietrich positiv enden würde.

Dietrich hatte nun den gelben Ball entdeckt und in Besitz genommen. Er stupste ihn immer wieder an, damit er vor Monikas Füße rollen konnte. Diese beantwortete Dietrichs Aufforderung zum Spielen immer wieder, indem sie den Ball mit einem Fuß in eine jeweils andere Richtung kickte. Der Kleine war begeistert. Wenn man nun glaubte, Monika würde dem Gespräch nur mit halbem Herzen zuhören, lag man völlig falsch. Sie konnte beides gleichzeitig, dem Gespräch aufmerksam folgen und mit Didi Ball spielen. Sie teilte ihre Aufmerksamkeit, ohne dabei einen Teil zu vernachlässigen.

Baron und Baronin registrierten diese Fähigkeit mit Wohlwollen. Die Hoffnung, dass Monika sich bereit erklären würde, ihren Job in der Gärtnerei aufzugeben, um sich voll und ganz Dietrich widmen zu können, nahm in den beiden immer mehr Raum ein. Sie wünschten sich immer inniger, dass Monika zustimmen würde. Was zählt schon ein theoretisch erworbenes Wissen, was zählen schon Referenzen, wenn das Kind, das betreut werden sollte, keine Sympathien für seine Gouvernante hat? Monika entsprach in keinster Weise dem typischen Bild einer Gouvernante, einer Erzieherin. Sie hatte aber einen entscheidenden Vorteil vor allen anderen Bewerberinnen, Dietrich liebte sie und er würde keine andere Frau akzeptieren, nicht nachdem er Monikas Zuneigung gespürt hatte.

Monika war sehr gerührt von dem Vertrauen, das der Baron und die Baronin ihr entgegenbrachten. Nachdem die Eltern sich in den ersten Lebensmonaten zu sehr von ihrem Söhnchen distanziert hatten, legten sie sich jetzt umso heftiger ins Zeug, um für den Jungen das Beste zu tun, was man für ihn tun konnte. Sie waren, nachdem sie ihre anfängliche Zurückhaltung abgelegt hatten, bestrebt, die Bedürfnisse des Jungen in den Vordergrund zu rücken. Nicht mehr der Standesdünkel sollte die Richtung ihrer Entscheidungen vorgeben, sondern einzig und alleine das körperliche und seelische Wohlbefinden ihres kleinen schwerstbehinderten Sohnes.

Rosel sandte ein Dankgebet zum Himmel, weil sie in Monika eine würdige Nachfolgerin bei der Betreuung und Förderung des Sorgenkindes Didi gefunden zu haben glaubte. Aber noch stand die Entscheidung aus. Monika hatte sich ein paar Tage Bedenkzeit erbeten, denn was ihr hier vorgeschlagen worden war, würde ihr ganzes Leben auf den Kopf stellen. Ihr war klar, dass ein eigenes Leben nicht mehr so stattfinden könne wie bisher. Sie würde ein Leben lang mit Dietrich verbunden bleiben müssen. Sie ahnte, dass eine Verbindung entstehen würde, die sie als starker Part niemals würde beenden können, ohne Dietrich die Lebensenergie zu nehmen. Sie würde niemals eine eigene Familie haben. Didi würde lebenslänglich ihr einziger Lebensinhalt sein müssen. Ob sie dazu bereit war, konnte sie nicht sofort entscheiden. Andererseits sah sie in Dietrich eine Aufgabe, von der sie sich herausgefordert fühlte, zumal sie seit geraumer Zeit rätselhafte Kräfte in sich spürte, die sich zögernd aber immer deutlicher ihren Weg in ihr Bewusstsein bahnten. Noch hatte sie mit niemandem über diese geheimnisvollen Kräfte und Fähigkeiten gesprochen. Es waren auch bis jetzt nur Ahnungen und Vermutungen, die noch zu nebulös waren, um mit jemandem darüber zu sprechen. Einzig ihrem Chef, dem Gärtnermeister, war hin und wieder aufgefallen, dass Monika merkwürdige Dinge tat, die eigentlich nach irdischen Naturgesetzen gar nicht sein konnten.

So vergingen noch zwei Wochen, bis Monika sich zu einer Entscheidung durchgerungen hatte. Ja, sie sagte Ja zu Dietrich von Tecklingsburg, sie sagte Ja zu ihrem und zu Dietrichs neuem Leben, das sehr bizarre Formen annehmen sollte. Aber davon ahnten weder Monika noch die anderen Beteiligten in dieser Phase der Annäherung etwas.

Rosel war erleichtert, weil sie Didi nun an liebende Hände und ein liebendes Herz übergeben konnte. Auch Dietrichs Eltern waren überglücklich, dass Dietrich nun einer Erzieherin überantwortet werden konnte, die er mochte und mit der er ein gutes Leben haben würde. Man hatte alle Hoffnungen begraben müssen, dass man Dietrich mit medizinischen Maßnahmen noch hätte helfen können. So kam es jetzt nur noch darauf an, dass er glücklich war und dass er von Monika so weit gefördert werden würde, wie seine multiplen Behinderungen es zuließen.

Die Juristen, die oft schon für Baron von Tecklingsburg tätig gewesen waren, arbeiteten nun einen Vertrag aus, in dem festgelegt wurde, welche Pflichten Monika zu übernehmen hatte, was ihr erlaubt sei und was nicht. Ihre Bezahlung wurde geregelt und viele andere Nebensächlichkeiten auch.

Nach etwa einer Woche lag der Vertrag in seiner Rohfassung vor und sollte nun mit Monika und ihrem Anwalt besprochen werden. Als Monika die Einladung zu jenem

Gespräch in Händen hielt, wunderte sie sich: ein Anwalt? Wieso sollte sie einen Anwalt brauchen? Sie sollte ein behindertes Kind betreuen und fördern und kein Unternehmen leiten, das nur mit gerichtsfesten Verträgen seine Aufgaben erfüllen könne. Monika hatte ein ungutes Bauchgefühl, das sie zur Vorsicht mahnte. Hier könnte mit – von Juristen verschleierten – Vertragsklauseln der Versuch unternommen werden, sie in eine Abhängigkeit zu zwingen, in die sie auf gar keinen Fall hineingeraten wollte. Monika hatte eigene Vorstellungen, zu deren Festlegung es keiner Juristen bedurft hätte.

Sie begab sich also sozusagen in die Höhle des Löwen, als sie das Büro des Barons betrat. Ohne Furcht und kampfbereit trat sie ein und sah sich drei Juristen und dem Baron gegenüber. Ach nein, vier Männer gegen eine Frau, das würde ein ungleiches Tauziehen geben, das sie trotz der männlichen Übermacht zu gewinnen hoffte. Nein, Hoffnung war nicht das Gefühl, das sie hatte, sie wusste, dass sie ihre Vorstellungen würde durchsetzen können. Dietrich hatte deutlich gezeigt, mit wem er künftig zusammenleben wollte, und schon jetzt galt für Monika, dass zuerst die Bedürfnisse ihres künftigen Schützlings bedacht werden müssen, bevor andere Interessen in den Vordergrund geschoben werden sollten. Monika hörte sich geduldig die Vertragsdaten der Anwälte an und weil sie so ruhig und konzentriert den Ausführungen folgte, waren die Juristen der Meinung, sie hätte sowieso die Hälfte der juristischen Verklausulierungen nicht verstanden und würde ohne Widerspruch die Verträge unterschreiben. Man legte sie ihr zur Unterschrift vor, hatte aber nicht mit Monikas Gespür für kritische Situationen gerechnet. Langsam schob sie die Blätter zur Seite, schaute hoch zum Baron, lächelte ein wenig und sagte: „Herr Baron, das ist jetzt nicht Ihr Ernst. Ich soll hier einen fein ausgeklügelten Fesselvertrag unterschreiben. Ich widme mein künftiges Leben voll und ganz Ihrem Sohn und Sie würden zulassen, dass ich hier mit Paragrafen überschüttet werden soll, die mich völlig rechtlos dastehen lassen? Nein, nie und nimmer werde ich diese Verträge unterschreiben!“

Das Entsetzen in den Augen der anwesenden Juristen war unbeschreiblich, deutlich waren in ihren versteinerten Gesichtern ihre Gedanken zu lesen: Was traut diese Frau sich? So kann man nicht mit dem Baron reden.

O.K., *man* konnte *so* mit dem Baron nicht reden, Monika konnte es aber doch. Sie hatte zum ersten Mal nicht nur ihre liebevolle Seite gezeigt, sondern sie ließ überdeutlich durchblicken, dass sie auch eine kämpferische Seite hatte und dass sie bereit war, für den kleinen Dietrich zu kämpfen, notfalls auch gegen ein Heer von Juristen. Der Baron war von seinem übergroßen Sessel hinter seinem übergroßen wuchtigen Schreibtisch aufgestanden und ans Fenster getreten. Er blickte hinaus auf den Schlosspark und sah schon Dietrich und Monika darin mit seinen Bällen spielen. Er konnte sich jetzt schon keine andere Gouvernante für sein Sorgenkind vorstellen, als die, die sich scheinbar gerade gegen ihn positioniert hatte.

Schweigen, alle schwiegen und niemand wagte es, dieses Schweigen zu unterbrechen. Monika war aufgestanden und gerade im Begriff zu gehen, als der Baron sich umdrehte und sah, dass sie gehen wollte.

„Bitte, Monika, bleiben Sie hier. Wir haben doch erst die Vorschläge einer Seite gehört. Bitte, sagen Sie mir, wie Ihre Vorschläge aussehen.“

„Ich habe keine Vorschläge, Herr Baron. Ich habe Forderungen. Die Aufgabe, ein schwerbehindertes Kind zu begleiten und ihm ein gutes Leben zu ermöglichen, ist für mich keine berufliche Herausforderung und schon gar kein zeitlich begrenzter Job, der endet, sobald Dietrich volljährig ist. Herr Baron, Dietrich wird sich emotional an mich binden und solch eine Bindung kann man nicht mehr trennen, ohne schreckliche Wunden zu reißen, das sollten Sie bedenken. Wenn Sie wirklich das Wohl Ihres Kindes im Auge haben, dann werden Sie meine Forderungen verstehen und ihnen zustimmen.“

„Monika, Sie haben ja recht, bitte nennen Sie *Ihre* Forderungen. Wir sind ja schließlich hier, um zu verhandeln."

„Den Eindruck hatte ich nicht. Mir ist es eher so vorgekommen, als sollte ich überrumpelt werden, um schnellstmöglich meine Unterschrift unter Verträge zu setzen, die mir mehr Nachteile gebracht hätten, als ich zu akzeptieren bereit war. Vor allem hätten verschiedene Vertragsklauseln Dietrichs Bedürfnisse überhaupt nicht berücksichtigt. Der Junge ist ..."

Plötzlich brach Monika mitten im Satz ab. Sie spürte eine seltsame Schwingung im Raum und diese Schwingung trug ihr ein spöttisches Gemurmel zu: „Aufgeblasenes Weibsbild, was glaubt die denn, wer sie ist? Ein Blumenmädchen, sonst nichts, popelig vulgär und dumm. Der Baron soll sie rausschmeißen."

Sie schaute die vier Männer der Reihe nach prüfend an und bemerkte dabei, dass diese seltsame Schwingung die Gedanken eines der Juristen waren, die auf irgendeine geheimnisvolle Weise bis in ihr Bewusstsein gedrungen waren. Sie war etwas irritiert und konnte selbst nicht glauben, was gerade eben geschehen war. Sie warf dem Juristen, der diese Gedanken in den Raum entlassen hatte, einen zornigen Blick zu. Er konnte diesem Blick nicht standhalten, eine leichte Röte überflog sein Gesicht, er schlug die Augen nieder und wich ihren Blicken aus, wie ein schuldbewusster Junge, der eine Fensterscheibe eingeworfen hatte.

„Nun, Monika“, fuhr der Baron fort, „nennen Sie mir Ihre Forderungen. Ich werde sie in Dietrichs Interesse sorgfältig und wohlwollend prüfen.“

Nach der Ablenkung mit den im Raum wabernden Gedanken, die in ihr Bewusstsein eingedrungen waren, konzentrierte Monika sich wieder auf ihre eigentliche Aufgabe, nämlich die Bedingungen festzulegen, die Monikas und Dietrichs künftiges Leben bestimmen sollten. Jeder erwartete nun, dass sie Notizen auf den Tisch legen würde, aus denen ihre Forderungen herauszulesen wären. Weit gefehlt, Monikas Forderungen bedurften keiner schriftlichen Festlegung. Sie wusste, was sie wollte und war durchaus in der Lage, diese Forderungen auch präzise zu benennen:

1. Dietrich und sie würden nicht im Schloss wohnen, sondern im Gästehaus im Schlosspark. Das Gästehaus war nur eingeschossig und der Kleine müsse nicht mehr auf allen vieren endlos hohen Treppenstufen erklimmen.
2. Der Baron müsse Monika das Aufenthaltsbestimmungsrecht für Dietrich übertragen, damit die Gefahr gebannt sei, dass man ihn eines Tages gegen seinen Willen woanders hinbringen wolle, z.B. in ein Pflegeheim.
3. Freie Hand bei Dietrichs Erziehung und Ausbildung, keine Einmischung irgendwelcher besserwisserischer Pädagogen oder Psychologen.
4. Zukünftige Veränderungen in Dietrichs Verhalten oder Aussehen müssten toleriert werden.
5. Ein unentgeltliches Wohnrecht im Gästehaus solle für Monika eingetragen

werden, das erst enden soll mit Dietrichs Tod.

6. Ein angemessenes Gehalt sollte ihr neben den Kosten des Haushalts und des Lebensunterhalts im Gästehaus gezahlt werden.
7. Ein Fahrzeug sollte ihr ständig zur Verfügung stehen, damit sie mit Dietrich nicht abhängig von einem Chauffeur sei.
8. Die Erlaubnis, im Gästehaus ein Haustier, z.B. einen Hund, halten zu dürfen.

Im Gegenzug verpflichtete sie sich dazu, ein Leben lang bei Dietrich zu bleiben, ihn zu pflegen, ihn zu fördern, ihn auszubilden, ihn mit den Regeln des Adelslebens vertraut zu machen und vor allem anderen ihn zu lieben.

Der Baron, an den diese Forderungen gerichtet waren, sagte zunächst nichts. Er ließ nicht erkennen, wie er diese Forderungen aufgenommen hatte. Monika, die die einzelnen Punkte natürlich schriftlich festgehalten hatte, überreichte ihm das Blatt, auf dem sie die einzelnen Punkte ihrer Forderungen aufgezählt hatte. Er sagte zu, die Forderungen mit Dietrichs Mutter zu besprechen und ihr dann schnellstens Bescheid zu geben, damit sie wisse, wie ihr künftiges Leben weiter aussehen solle.

Monika war zufrieden. Sie hatte ihre Forderungen formuliert und dem Baron überreicht. Jetzt hieß es für sie abwarten. Sie war sich aber fast sicher, dass der Baron und seine Gemahlin auf ihre Forderungen eingehen würden. Sie nahm den besorgten Eltern mit der Übernahme der Verantwortung für Dietrichs künftiges Leben eine große Last von den Schultern. Die elterlichen Gefühle und Sorgen konnte sowieso nur nachempfinden, wer selbst das Schicksal eines behinderten Kindes miterleben und mitgestalten musste. Kein Jurist der Welt könnte fähig sein, alle Bedürfnisse von Eltern und Kind in juristisch spitzfindig formulierten Paragrafen zu regeln. Dazu war nur ein großzügiges liebendes Herz in der Lage.

Es vergingen nur ein paar Tage, bis Monika wieder ins Schloss gebeten wurde. Ihre Zuversicht, dass ihre Forderungen erfüllt werden würden, war in den wenigen Tagen des Wartens doch ein bisschen ins Wanken geraten. Als gutes Zeichen deutete sie die Tatsache, dass sie vom Chauffeur des Barons abgeholt wurde. Nein, nicht mit dem Prestigewagen des Grafen, sondern mit einem ganz profanen Mittelklassewagen. Zögernd und mit Kribbeln im Bauch stieg sie ein. Schnell brachte der Chauffeur sie zu jenem Treffen, das die Richtung ihres künftigen Lebens bestimmen würde. Blumenfrau oder Gouvernante? Diese Entscheidung würde heute auf Schloss Tecklingsburg fallen. Als sie die breite Treppe zum Eingangsportal des Schlosses emporstieg, schien ihr Mut nur noch in Bruchstücken vorhanden zu sein. Waren ihre Forderungen überzogen? Hatte sie den Baron und seine Gattin in Entscheidungsnöte gebracht? Würde sie diesen Ort wieder verlassen als Blumenfrau? Oder würde sie an Dietrichs Seite gestellt werden, so, wie sie sich das vorgestellt hatte? Zweifel über Zweifel befielen sie und sie war sich nicht mehr ganz so sicher, ob die Eltern sich *für* Dietrichs Zukunft *mit* Monika entscheiden würden oder ob sie ihn doch lieber in der

Obhut einer ausgebildeten erfahrenen Gouvernante mit erstklassigen Referenzen wüssten.

Mit solchen Gedanken belastet stieg sie nun die Stufen zum Portal hoch. Ihre sprichwörtliche Selbstsicherheit, die sie noch bei der Konfrontation mit den drei Juristen ihr eigen nennen konnte, war ein wenig geschrumpft. Aber Monika wäre nicht Monika gewesen, wenn sie sich dadurch hätte mutlos machen lassen.

Am Portal wurde sie schon von dem netten jungen Mädchen empfangen, das sie schon vom ersten Besuch her kannte. Sie wurde nicht ins Büro des Barons geführt, sondern wieder in den kleinen Salon, den sie ja schon kannte. Als das Mädchen die Tür öffnete, konnte Monika schon die positive Aura spüren, die diesen Raum erfüllte. Dietrich, der bäuchlings auf dem Teppich lag und seinen gelben Ball mit den kurzen Ärmchen hin und her rollte, hob sein Näschen und schnupperte Richtung Tür. Sowie er Monika erkannt hatte, erhob er sich blitzschnell und lief ihr auf allen vieren entgegen. Welch eine

Wiedersehensfreude war dem Kleinen anzumerken. Hätte er die Fähigkeit der Sprache besessen, hätte er mit Sicherheit Freudenschreie ausgestoßen, als Monika ihn hochhob und mit ihm Pirouetten drehte, so viele, dass ihr fast schwindlig wurde. Diese eindrucksvolle Begrüßungszeremonie zeigte deutlich, was und wen Dietrich sich als künftige Lebensbegleiterin ausgesucht hatte.

Als sie Dietrich lachend abgesetzt hatte, wurde sie wieder ernst. Sie schaute in die Mienen von Baron und Baronin und las, dass ihre Forderungen nicht auf taube Ohren gestoßen waren. Nach einer feierlichen, ja fast familiären Begrüßung erhob Baron Heinrich seine Stimme und erklärte, auch im Namen seiner Gattin, dass Monikas Forderungen erfüllt werden würden. Einzig eine Forderung lehnten Dietrichs Eltern kategorisch ab. Sie waren nicht einverstanden, dass Monika das Aufenthaltsbestimmungsrecht für ihren behinderten Sohn erhalten sollte. Alle anderen Bedingungen würden sie mit Freude erfüllen. Das Wohl des Jungen lag ihnen mittlerweile nämlich sehr am Herzen.

Dietrich hatte ganz deutlich gezeigt, dass er Monika als einzigen Menschen akzeptierte, der, nach Rosels Weggang, deren Platz einnehmen durfte. Klug, wie Monika war, nahm sie den Wegfall des Aufenthaltsbestimmungsrechtes in Kauf, damit nicht die anderen wichtigen Punkte ihres Forderungskataloges infrage gestellt werden würden.

Nachdem nun der amtliche Teil der wichtigen Besprechung beendet war, saß man noch einige Stunden in trauter Runde zusammen. Monika wurde zumindest auf emotionaler Ebene feierlich in die Familie derer von Tecklingsburg aufgenommen. Zum Wohle Dietrichs war es sehr wichtig, dass sich ein inniges Vertrauensverhältnis manifestierte, das im Laufe der folgenden Jahre die feste Grundlage für Dietrichs Verwandlung wurde. Niemand hätte es für möglich gehalten, dass diese Verwandlung ihn in die Lage versetzen würde, einen Beruf auszuüben, der ihm sogar die feierliche

Verleihung des Bundesverdienstkreuzes am Bande einbringen würde.

Aber an diesem Nachmittag ahnte noch niemand etwas von künftigen Veränderungen, nicht einmal Monika, die die Quelle dieser Verwandlung sein würde.

Das Gästehaus im Schlosspark wurde nun auf schnellstem Wege umgestaltet. Dietrichs besondere Bedürfnisse und Monikas Gestaltungswünsche wurden dabei zu 100 % beachtet und perfekt umgesetzt. Kein Wunder, hatte der Baron doch zwei der besten Architekten Deutschlands mit der Durchführung der Umgestaltungspläne beauftragt. Zügig gingen die Arbeiten voran und der Umzug konnte sehr bald in Angriff genommen werden. Monika tat der Abschied von der Gärtnerei ein wenig leid, aber in ihr wuchs schon ein Plan heran, wie sie sich rund ums Gästehaus einen Spiel- und Tummelplatz für Dietrich anlegen würde, den sie dann in einen von ihr angelegten Traumgarten integrieren würde. Sie freute sich auf ihr neues Leben zusammen mit Dietrich. Der Name gefiel ihr eigentlich nicht besonders gut. Didi war da schon besser, musste aber auch noch nicht die beste Lösung sein. Man würde sehen, was die Zukunft bringen würde. So manches Geheimnis und so manche Überraschung blieben noch verborgen im diffusen Nebel jener unbekannten Zukunft.

Der Umzug ins neu gestaltete Gästehaus ging ganz problemlos über die Bühne. Rosel half noch mit, Didis Lieblingsspielzeug und seine Lieblingskleider zum Transport zu verpacken, damit er seine gewohnten Alltagsgegenstände in der neuen Umgebung nicht vermissen würde. Monikas persönliche Dinge, die sie ins neue Zuhause mitgenommen hatte, waren in drei Umzugskisten verpackt. Möbel musste sie nicht mitbringen, da die gesamte Inneneinrichtung in Absprache mit ihr bereits fertig auf sie wartete.

Dann nahte der Tag des Abschieds von Rosel, der für Dietrich zu einem Katastrophentag wurde. Es war herzzerreißend, wie er sich an Rosel klammerte und sie nicht gehen lassen wollte. Er hatte sie geliebt und wenn er hätte weinen können, hätte er einen ganzen See mit Tränen gefüllt. Auch Rosel war tief traurig, weil sie Didi verlassen musste. Sie war ihm mehr als zwei Jahre lang eine liebevolle Säuglingsschwester gewesen. Nur mit großer Mühe konnte sie ihre Tränen zurückhalten. Sie wollte nicht, dass Didi sie weinen sah, es hätte ihn nur noch trauriger gestimmt. Monika wohnte dieser rührenden Abschiedsszene mit blutendem Herzen bei. Sie litt mit Didi, weil sie wusste, dass dies ein Abschied für immer sein würde. Mit zunehmendem Alter würde Didi Rosel vergessen. Für ihn würde es in ein paar Jahren so sein, als hätte sie nie existiert.

Als Rosel die Tür hinter sich geschlossen hatte, stand Didi auf allen vieren so verloren und verlassen da, dass es Monika körperlich schmerzte, ihn leiden zu sehen, ohne ihm helfen zu können. Sanft hob sie ihn vom Boden hoch, legte schützend ihre Arme um ihn und wiegte den mittlerweile fast Dreijährigen wie ein Baby, dazu summte sie eine fremde Melodie, die nicht einmal sie selbst kannte. Bald hatte er sich trösten lassen und war eingeschlafen. Vorsichtig legte sie ihn in sein Bettchen, Vater und Mutter streichelten ihm noch zart über das missgestaltete Köpfchen und dann war Monika mit ihrem Schützling alleine.

Sofort kam ihr wieder die Melodie in den Sinn, die sie gesummt hatte, als sie ihn in ihren Armen gewiegt hatte. Merkwürdig, sie kannte die Melodie überhaupt nicht und trotzdem erklang sie in ihrem Kopf so deutlich, dass sie sie sofort nachsummen konnte.

Die ersten Tage mit Didi im ehemaligen Gästehaus gestalteten sich ein wenig chaotisch. Er streifte durchs ganze Haus, ständig die Nase auf dem Boden und schnüffelte, schnüffelte, schnüffelte, ohne Unterbrechung. Monika nahm ihn immer wieder vom Boden auf, aber er wehrte sich und verlangte vehement, wieder auf den Boden gelassen zu werden, damit er seine Beschäftigung als Schnüffler wieder aufnehmen konnte. Auf diese erste ernsthafte Herausforderung wusste Monika allerdings noch keine wirksame Antwort. Deshalb ließ sie ihn vorerst gewähren. Während sie ihn beobachtete, kam ihr ein lustiger Gedanke, sie nannte ihn Schnüffler, ja, das war er ja wirklich. Der Name Schnüffler würde allerdings seinen Eltern noch weniger gefallen als Didi. Der rettende Funke flog ihr Minuten später von irgendwoher zu. Snoop oder noch besser Mister Snoop, ja damit konnte sie etwas anfangen. Weil aber Mister Snoop alias Dietrich doch noch ziemlich klein war, nannte sie ihn einfach Snoopy – Schnüfflerchen. Ja, damit war sie zufrieden und fortan nannte sie ihn nur noch Snoopy. Der Name Mister Snoop sollte aber doch reserviert bleiben für die Zeit, wenn er erwachsen sein würde. Warum das für sie wichtig war, vermochte sie nicht zu begründen. Es war wie eine Eingebung und wenn Monika eine Eingebung hatte, nahm sie sie immer ernst.

Als Monika Didi zum ersten Mal bei seinem neuen Namen Snoopy nannte, spitzte er die Ohren und schaute sie fragend an. Sie erklärte ihm, dass das ein sehr passender Name für ihn sei. Als er verstanden hatte, was sie gesagt hatte, lief er auf sie zu und sein Gesichtchen signalisierte, dass er damit einverstanden war. So übten die beiden nach und nach Techniken ein, wie sie sich ohne Worte nur über den stummen Austausch von Gedanken unterhalten konnten. Snoopy alias Didi war überglücklich, weil er sich nun mit Monika richtig unterhalten konnte, obwohl er nicht sprechen konnte wie andere Kinder. Er war nicht mehr darauf angewiesen, zufällig mal verstanden zu werden, sondern ab sofort war eine richtige Unterhaltung mit Monika möglich.

Die Unterhaltungen mit Snoopy überraschten Monika mehr als einmal in den nächsten Wochen. Er war ja noch nicht einmal drei Jahre alt und verfügte über einen Wortschatz, den man allenfalls bei einem Zehnjährigen hätte voraussetzen können, keinesfalls bei einem Dreijährigen. Diesen enormen Wortschatz hatte Rosel ihm vermittelt, indem sie ihm täglich aus Büchern vorgelesen hatte. Es waren nicht nur Kinderbücher, die sie ihm nahebrachte, sondern auch Bücher, die sie selbst las. Rosel war das, was man gemeinhin eine Leseratte nannte. Manchmal war es schwer für sie, sich genügend Freizeit zum Lesen zu verschaffen. Didis Pflege und Betreuung war manchmal doch recht zeitintensiv. So kam Rosel auf die Idee, ihm vorzulesen. Damit war er beschäftigt und sie konnte ihrem Lieblingshobby frönen. Da Didi immer sehr aufmerksam zuhörte, hatte sie nie das Gefühl, dass er gelangweilt sein könnte. Sie war sicher, dass er das Vorlesen genoss, auch wenn er vielleicht das Vorgelesene nicht verstand.

Monika nahm sich vor, dieses Vorlesen von guter Literatur weiterzuführen, denn die Früchte von Rosels Bemühungen konnte sie jetzt ernten, indem Snoopy fähig war, sich auf Gedankenebene mit ihr zu unterhalten. Diese Unterhaltungen zeigten ganz deutlich, dass Snoopy intellektuell seinem Alter weit voraus war. Darüber war sie sehr glücklich, denn im Vorfeld hatte Monika insgeheim befürchtet, dass es sehr schwer werden könnte, einem behinderten Kind Unterricht zu erteilen. Nein, es gab diesbezüglich keinerlei Probleme.

Die ersten bitteren Tropfen im süßen Honigtopf der perfekten Beziehung zwischen

Snoopy und Monika zeigten sich nach ein paar Wochen. Er war abends sehr unruhig und wollte nicht in seinem Bettchen schlafen. Sie wandte alle Tricks an, ihm das Einschlafen so leicht wie möglich zu machen. Kaum hatte er seine Äuglein für ein Viertelstündchen geschlossen, schon wurde er wieder unruhig und wollte in Monikas Bett schlafen. Nach anfänglichen Kämpfen ums Prozedere beim Zubettgehen gab Monika nach. Er durfte mit ihr in ihrem Bett schlafen, nicht nur hin und wieder, sondern für immer. Dieses erkämpft Recht ließ Snoopy sich auch nicht mehr nehmen, auch nicht als Shila ins Gartenhaus kam.

Shila war eine altdeutsche Schäferhündin, die tagelang offenbar herrenlos durch den Schlosspark streifte. Snoopy hatte sie entdeckt. Seine feine Spürnase führte ihn zu einem Versteck unter einer Plane, die die Skulpturen im Schlosspark während des Winters vor Verschmutzung und Verwitterung schützen sollten. Beim täglichen Spaziergang durch den Park hatte Monika nun schon mehrfach beobachtet, dass Snoopy immer wieder unter eine dieser Planen kroch und dort heftig rumschnüffelte. Dieses Verhalten weckte Monikas Neugier und sie beschloss, beim nächsten Mal die Plane anzuheben, um nachzuschauen, was so interessant darunter war, dass Snoopy immer wieder dort drunter kroch. Die Gelegenheit zum Aufdecken des Geheimnisses unter der Abdeckung ergab sich schon bald. Monika lüpfte die Plane ein wenig und da entdeckte sie die Hündin. Eine altdeutsche Schäferhündin, die sich ängstlich vor ihr versteckte. Aber Monika wäre nicht Monika gewesen, wenn es ihr nicht gelungen wäre, das Tier unter der Plane hervorzulocken. Sie lud sie ein, mitzukommen, ins Gartenhaus, und sie folgte ihr und Snoopy tatsächlich, zwar in einigem Abstand, aber immerhin trottete sie den beiden nach.

Das war, wie man so schön sagt, der Beginn einer wunderbaren Freundschaft. Shilas Herrchen oder Frauchen konnte nie ermittelt werden. Es sah so aus, als ob sie nirgends vermisst werden würde. So blieb sie also bei Monika und Snoopy. Nach ganz kurzer Zeit hatte sie sich so gut eingewöhnt, dass man denken konnte, sie sei von Anfang an Mitglied in dieser Gemeinschaft gewesen. Auch der Baron und seine Gattin empfanden sie als Bereicherung für ihren Sohn. Sie tolerierten die neue Hausgenossin im Gartenhaus.

Als Snoopy ca. 14 Jahre alt war, geriet Monika in eine leichte Krise. Sie hatte unendlich viel Mühe und Kraft hingegeben, um Snoopys körperliche Verfassung zu stärken und vielleicht sogar zu verändern. Immer wieder trainierte sie mit ihm eine aufrechte Gangart, leider ohne Erfolg. Sie musste dieses Ziel aufgeben. Er bewegte sich weiterhin auf allen vieren. Dass er nicht sprechen konnte, konnte man nicht ändern. Die Anatomie seines Rachenbereichs war nicht veränderbar. Die fehlenden Stimmbänder machten jede Bemühung, ihm das Sprechen beibringen zu wollen, von vorneherein zunichte.

Was aber sollte sie tun, damit er irgendwann mal ein selbstständiges Leben würde führen können? Intellektuell war er durchaus in der Lage, irgendwann sein Leben selbst in die Hand nehmen zu können, aber alle Pläne scheiterten an seiner Art, sich fortzubewegen. Sie wog immer wieder seine überragenden Fähigkeiten ab gegen die Defizite im Bereich seiner Möglichkeiten. Snoopy war hochintelligent und hatte eine Spürnase, wie sie sie noch nie erlebt hatte. Selbst Shila, die ja ein richtig guter Schäferhund war, konnte mit Snoopys Spürnase nicht mithalten. Das zweite große Gewicht, das man für Snoopy in die Waagschale werfen konnte, war seine überragende Intelligenz, seine Kombinationsgabe und seine Fähigkeit, Sachverhalte sehr schnell zu erfassen und augenblicklich darauf zu reagieren. Monika war überzeugt, dass man mit diesen Fähigkeiten doch einen Beruf finden müsste, bei dem seine körperlichen Defizite keine große Rolle spielen würden. Sollte eine erfüllende Beschäftigung für ihn lediglich an seiner Unfähigkeit scheitern, zu sprechen, könne sie das nicht als Argument gelten lassen. Sie stand ja als besondere Dolmetscherin zur Verfügung.

Snoopys und Monikas Fähigkeit, auf gedanklicher Ebene miteinander zu kommunizieren hatte sich im Laufe der Jahre perfektioniert, sodass selbst Fachgespräche möglich gewesen wären. Monika war für ihn da und sie würde immer für ihn da sein. Zudem hatte Snoopy einen einflussreichen Vater, der jede Menge Freunde in der ganzen Welt hatte, die sicherlich eine Tätigkeit für Snoopy zur Verfügung stellen könnten. Der Baron müsse zur gegebenen Zeit seine Beziehungen spielen lassen.

Sie würde mit dem Baron reden müssen, damit sie Snoopy vorbereiten könne auf eine künftige Tätigkeit als … Ja, als was? Genau das müsse sie mit Snoopys Eltern besprechen. Ihr spukte z.B. das Berufsbild eines Parfümeurs im Kopf herum oder eines Lebensmittelchemikers oder was immer es sei. Seine Schnüffelnase könne doch in duftintensiven Produktbereichen gut eingesetzt werden.

Snoopy war begeistert, als sie mit ihm über eine künftige Berufstätigkeit diskutierte. Ja, mit 14 stand man noch ganz am Anfang seiner Wünsche. Snoopy war allerdings auch in diesem Alter bereits bewusst, dass es nur eine sehr begrenzte Auswahl an interessanten Berufen gab.

Monika spürte einen gewissen Zeitdruck, der keinen großen Aufschub duldete. Das Erlernen von Fähigkeiten war für Snoopy nicht so einfach wie für andere Teenager. Seine Behinderungen ließen viele Lernprozesse nicht zu, die anderen in seinem Alter keine Probleme bereiteten. Immer wieder mussten Umwege gesucht und gefunden werden, um ihm Lerninhalte auf unkonventionelle Art und Weise zu vermitteln. Das nahm viel Zeit in Anspruch. Es hieß also für Monika und Snoopy, frühzeitig damit zu beginnen. Was sollte man aber beginnen, wenn man das Berufsziel nicht kannte? In Snoopys Fall musste es anders herum laufen. Zuerst musste der Beruf gefunden werden, die Anstellung musste sicher sein und dann erst konnte das große Abenteuer Beruf in

Angriff genommen werden. Diese merkwürdige Konstellation konnte aber nur mithilfe des Barons in die Tat umgesetzt werden. Er musste ausloten, wer von seinen vielen Freunden in gehobenen Positionen etwas für Dietrich würde tun können.

Die Idee war geboren, jetzt musste der nächste Schritt überlegt und in die Tat umgesetzt werden. Wichtig war, dass Snoopy in sich selbst ein Interesse entwickeln musste. Mithilfe von Monika musste herausgearbeitet werden, was ihm liegen könnte und woran er Freude haben könnte. Seine Spürnase sollte der Grundstock sein, nach dem er seine Wünsche ausrichten müsse.

Viele Monate vergingen, bevor ein kleiner Hoffnungsschimmer die quälende Ungewissheit über Snoopys Zukunft beendete. Die Idee kam von Snoopy selbst. Er hatte eine Reportage im Fernsehen gesehen, in der der New Yorker Kennedy Airport vorgestellt wurde. Es war nichts Spektakuläres zu sehen und Monika konnte nicht erkennen, was als Traumberuf für Snoopy auch nur ansatzweise in Betracht kommen könnte.

Vielleicht war es auch nur deshalb, weil sie diese Fernsehsendung mit den Augen einer Frau anschaute. Snoopy, der die Welt ja seit seiner Geburt aus einem ganz anderen Blickwinkel wahrnahm, sah auch Dinge, die Monika nicht einmal bemerkte. Sein Blick schweifte definitiv nicht über die Köpfe der Reisenden hinweg. In sein Gesichtsfeld drängten sich eher die Koffer, die Füße und die Beine der Fluggäste, die in ständigem Hin und Her durch die Hallen strömten. Monika fielen lediglich die Männer der Security auf, die mit angeleinten deutschen Schäferhunden an markanten Punkten standen und die Ströme der Reisenden beobachteten. Sie hielt dabei Ausschau nach einem Hund, der ihrem Hund Shila ähnlich sah.

Snoopy aber hatte etwas anderes entdeckt, nämlich Hunde, die nicht größer waren als er selbst und die weder angeleint waren noch von irgendeinem Menschen begleitet worden. Es waren Beagles, die dunkelgrüne Mäntelchen trugen, die sie als Personal im Dienste der Sicherheit auswiesen. Die grünen Mäntelchen waren bestickt mit folgendem Text: *Please don't touch – Dog on work. New York Airport Beagle unit.*

Snoopy wunderte sich und rätselte, welche Arbeit das sein könnte, bei der sie nicht gestört werden durften. Er bemerkt, dass sie genau das taten, was er auch am besten konnte, nämlich schnuppern und schnüffeln. Snoopy nahm Kontakt mit Monika auf, die neben ihm auf der Couch saß und sich diesen Fernsehbericht auch anschaute. Er machte sie auf diese Hunde aufmerksam, die ihr scheinbar bis jetzt noch nicht aufgefallen waren. Jetzt erst lenkte sie ihre Aufmerksamkeit auf diese Beagles, die offensichtlich etwas zwischen den Reisenden mit ihren Koffern erschnüffeln sollten. Wie elektrisiert fuhr sie von der Couch hoch und rief: „Ja, Snoopy, ja, das ist es doch. Das sind Spürhunde, die nach Drogen oder Sprengstoff oder sonstigen verbotenen Dingen schnüffeln." Überglücklich nahm sie Snoopy auf den Arm und drückte ihn und herzte ihn. „Snoopy, die tun genau das, was du auch am besten kannst, sie schnüffeln und schnuppern. Das sind kleine Detektive,

Snoopy. Wäre das nicht eine Aufgabe, die du auch erfüllen könntest?“

Shila, die bis dahin brav auf der Couch vor sich hin gedöst hatte, sprang auf und war auch glücklich. Worüber wusste sie allerdings nicht, das war ihr auch egal. Wenn alle sich freuen, dann wollte sie natürlich auch nicht zurückstehen. So wedelte sie sie begeistert mit ihrer langen Rute hin und her und fegte bei der Gelegenheit die Schale mit dem köstlichen Gebäck vom Couchtisch. Macht nichts, Freude kann schon mal ausufern.

Einen Moment lang konnte Snoopy vor lauter Begeisterung gar nicht antworten, ja das war es doch, Detektiv wollte er werden. Monika war genau so begeistert wie Snoopy. Er würde sich hervorragend eignen als Drogen- oder als Sprengstoffschnüffler. Um diese Arbeit tun zu können, wären sogar seine Kleinwüchsigkeit und sein Unvermögen, aufrecht zu gehen, kein Hindernis. Sogar die fehlende Sprachfähigkeit würde nicht stören. Monika sah ihn schon im Geiste beim Erschnüffeln von verbotenen

Substanzen. Gleich morgen wollte sie mit Snoopys Vater sprechen. Er könne dann schon mal gezielt suchen, ob unter seinen ehemaligen Kommilitonen nicht auch einer eine führende Position auf einem Flughafen bekleiden würde.

In Monikas Vorstellung sah sie Snoopy schon in einer schicken Uniform die Abflughalle durchstreifen, Nase am Boden und sofort einen Treffer anzeigend, wenn er etwas erschnüffelt hatte.

Na ja, so weit war es an diesem Abend noch nicht, bis zur Verwirklichung des Traumes waren noch ganz viele Hürden zu nehmen. Snoopy würde auch noch viel lernen müssen, denn mit Drogen und Sprengstoff und sonstigen verbotenen Dingen kannte Monika sich nicht aus. Für Snoopys Ausbildung würden wohl Spezialisten beauftragt werden müssen. Der erste Schritt aber müsse sein, einen Flughafendirektor zu finden, der Snoopy auch einstellen würde. Monika hatte da doch einige Bedenken. Wenn auch die Toleranz gegenüber Behinderten in den letzten Jahren gestiegen war, so war doch noch eine Restscheu vorhanden, vor allem wenn es um Mehrfachbehinderungen geht, die sofort ins Auge fallen. Es ist so schlimm, dass man glaubt, diese Menschen seien nicht in der Lage, ihren Verstand und ihre Intelligenz so zu benutzen, wie es Menschen ohne Körperbehinderungen tun können.

Monika setzte den Baron, Snoopys Vater, schon am nächsten Tag von den Plänen seines Sohnes in Kenntnis. Sie erklärte ihm, dass dieser Wunsch Dietrichs seinen Fähigkeiten entsprechend nicht utopisch sei. Sie könne sich durchaus vorstellen, dass aus Snoopy ein guter Drogenfahnder werden könne. Dann äußerte sie ihre Bitte, aktiv zu werden und zu schauen, wer für diese Ausbildung zu einem Drogenschnüffler infrage kommen könnte.

Baron von Tecklingsburg war zunächst etwas skeptisch gegenüber dem Berufswunsch seines Sohnes. Nach längerem Nachdenken jedoch hielt auch er diese Idee nicht mehr für Spinnerei. Ja, er konnte sich Dietrich sogar sehr gut vorstellen, wie er seine Nase benutzte, um gefährliche Verbrecher oder auch kleine Drogenkuriere und Dealer zur Strecke zu bringen.

Ein paar Tage nach diesem Gespräch besuchten der Baron und die Baronin die drei Bewohner des Gartenhauses, das umgeben war von einem paradiesischen Blumengarten. Das war Monikas Werk, da ließ sie auch niemanden ran. Der Baron hatte ihr mehrfach angeboten, dass der Schlossgärtner mit seinen Leuten auch ihren Blumengarten bepflanzen und pflegen könnte. Oh nein, das würde sie niemals zulassen. Als ehemalige Blumenfee hatte sie nie den Kontakt zu ihrer gärtnerischen Vergangenheit abgebrochen. Blumen sind trotz mannigfacher anderer Aufgaben immer ihre Herzensangelegenheit geblieben. Das Einzige, wozu sie vor ein paar Jahren ihre Zustimmung gegeben hatte, war die Errichtung eines beheizbaren Treibhauses, in dem sie schon während des Winters ihre Setzlinge selber hochziehen konnte. Selbst Snoopy hatte Freude daran. Er begleitete sie immer, wenn sie sich in ihrem

Gewächshaus um die winzigen Pflanzenkinderchen kümmerte, die im Sommer so wunderschön blühten und dufteten. Selbst Shila, die Schäferhündin, die seit vielen Jahren mit im Gartenhaus wohnte, respektierte die Blumen in Monikas Garten. Sie wühlte nicht und trampelte keine einzige Pflanze um.

Dietrich freute sich sehr über den Besuch seiner Eltern. Als er noch ein kleiner Junge war, brachten sie ihm immer einen Ball oder auch mehrere Bälle mit. Jetzt war er 14 Jahre alt und mit einem Ball konnte man ihm keine Freude mehr machen. Seine Eltern brachten aber etwas anderes mit, über das er sich mindestens genauso freute wie früher über einen Ball. Der Baron teilte voller Freude mit, dass er Verbindung zu seinem Freund Eyck van Lommel aufgenommen habe und dass Eyck van Lommel übers Wochenende Gast auf Schloss Tecklingsburg sein würde. Diese Mitteilung alleine hätte natürlich niemanden vom Hocker gerissen. Eyck van Lommel war aber der Direktor des 40 km entfernten internationalen Großflughafens. Das war eine gute Nachricht, ließ sie doch hoffen, dass es bei dem Besuch um Dietrichs Berufswunsch gehen würde. Der Baron machte es spannend. Er lachte verschmitzt und deutete an, dass das noch nicht die beste Nachricht gewesen sei. Er ließ sich ein wenig Zeit mit der Verkündung der besten Nachricht. Dann aber konnte er sich nicht mehr zurückhalten und platzte heraus mit der frohen Botschaft, dass van Lommel Dietrichs Ausbildung zum Dogendetektiv genehmigt hatte. Er hatte seiner Sicherheitsabteilung Dietrichs Spürnase geschildert, der nichts entging. Nicht einmal ein Krümelchen einer verbotenen Substanz würde ihm entgehen. Er hatte aber auch Dietrichs Behinderungen nicht verschwiegen. Sie waren dann gemeinsam übereingekommen, dass er nach abgeschlossener Ausbildung bei der Zollabteilung eingesetzt werden solle. Dort wurde ja *jeder* Koffer, *jedes* Gepäckstück, durchleuchtet und geprüft. Dietrich würde dann jede Substanz erschnüffeln, auf die er ausgebildet worden wäre. So war es vonseiten des Flughafens geplant. Die theoretischen Kenntnisse würde Dietrich von

Drogenspezialisten lernen. Der Unterricht sollte im Gartenhaus abgehalten werden. Für die praktische Ausbildung und für das Kennenlernen der Substanzen, die er erschnüffeln solle, müsse er allerding die 40 km Anfahrt in Kauf nehmen. Monika beteuerte sofort, dass sie ihn jederzeit mit dem Auto bringen werde. Die Freude war riesengroß und alle fünf verbrachten einen glücklichen fröhlichen Nachmittag im gemütlichen Gartenhaus.

Der Wochenendbesuch Eyck van Lommels mit Gattin verlief sehr positiv für Snoopy und Monika. Beide waren auch ins Schloss gebeten worden, damit der künftige Arbeitgeber von Snoopy sich persönlich davon überzeugen konnte, dass Dietrichs körperliche Einschränkungen kein Hindernis sein würden bei der späteren Bewältigung der Aufgaben, für die er vorgesehen war. Dietrich konnte Herrn van Lommel von seinen Qualitäten als Schnüffler überzeugen. Dank Monikas Übersetzungsfähigkeiten konnte Dietrich aktiv an den Gesprächen in der

Runde teilnehmen. Ja, Monika und Dietrich waren zu einem richtigen Team zusammengewachsen. Monika war an jenem Besuchswochenende sehr bemüht, Snoopy auf keinen Fall Snoopy zu nennen. Der Baron legte stets größten Wert darauf, dass Dietrich bei seinem richtigen Namen genannt wurde.

Nach diesem sehr harmonisch verlaufenen Wochenende begannen nun die Vorbereitungen auf Dietrichs Ausbildung zu einem Drogenschnüffler. Voller Lerneifer startete er zusammen mit Monika in eine Welt, die weder er noch Monika kannten und die es gründlich zu erkunden galt. Bevor die Ausbilder der Flughafensicherheit mit der Organisation von Snoopys Unterricht begonnen hatten, waren Snoopy und Monika schon sehr aktiv. Sie holten sich alles an Literatur ins Gartenhaus, womit sie sich in die Themen Drogen, Sprengstoff, Waffen usw. einarbeiten konnten. Eifrig studierten beide die Themen, die sie mit der unbekannten Welt der Drogen und gefährlichen Substanzen bekannt machten. Monika war froh, dass sie sich mit Snoopy schon so früh in die Materie einarbeiten konnte. Er war zwar erst 14 Jahre alt, aber wenn das Ziel mit 18 oder 19 Jahren erreicht werden sollte, konnten sie gar nicht früh genug mit der Einarbeitung beginnen. Vieles, was sie in den Büchern lasen, war sehr kompliziert und die beiden verstanden nur wenig davon. Bald mussten sie zugeben, dass ein Selbststudium dieser komplizierten Thematik nicht zu bewältigen war. Sie kapitulierten zähneknirschend vor dieser Herausforderung und beschlossen, die echte Ausbildung den Profis zu überlassen, die mittlerweile schon die Ausarbeitung eines Lehrplanes in Arbeit hatten. Der Ausbildungsplan wurde speziell auf Snoopys Behinderungen abgestimmt.

Eyck van Lommel überwachte persönlich den Fortgang der Vorbereitungen. Er war nach jenem Besuchswochenende auf Schloss Tecklingsburg tief beeindruckt von Dietrichs einzigartigem Charakter. Trotz schwerster Behinderungen mangelte es ihm nicht an Selbstbewusstsein und Selbstvertrauen. Dank Monikas unerschütterlichem Glauben an seine Fähigkeiten und dank ihrer fordernden und gleichzeitig fördernden Erziehung war Snoopy zu einem Musterbeispiel herangewachsen, das zeigte, was alles auch bei schwersten Körperbehinderungen möglich war.

So vergingen noch ein paar Monate, bis der Ausbildungsplan in die Tat umgesetzt werden konnte. Kurz vor seinem 15. Geburtstag war es dann so weit. Der theoretische Teil konnte in Angriff genommen werden. Drei Mal pro Woche fand der Unterricht im Gartenhaus statt. Snoopys ehemaliges Spielzimmer war zu einem perfekten Schulungsraum umgestaltet worden. Der Baron hatte wirklich keine Mühen und Kosten gescheut, um seinem Sorgenkind diesen Weg zu seinem künftigen Traumberuf zu ebnen. Hin und wieder nahm er sogar an der einen oder anderen Unterrichtseinheit teil. Er war zufrieden, genauso wie Snoopy und Monika. Snoopys Wissensdurst und sein Lerneifer waren vorbildlich und er kam gut voran. Trotz bester Voraussetzungen ging es doch langsam voran, da seine Unfähigkeit zu sprechen hemmend wirkte. Es musste einfach akzeptiert werden, dass für Dietrich der Zeitrahmen weiter gesteckt wurde.

Nach zwei Jahren intensivster theoretischer Ausbildung, Snoopy war mittlerweile 17 Jahre alt, konnte nun der praktische Teil angegangen werden. Darauf hatte er sich schon lange gefreut, denn das kam ja seiner Schnüffelnase mehr als gelegen.

Als Monika ihn zum ersten Mal zum Ausbildungszentrum am Flughafen bringen wollte, bestanden der Baron und die Baronin darauf, ihn zu begleiten. Das ging natürlich nicht mit Monikas kleinem Alltagsauto. Nein, da musste die große Limousine mit Chauffeur in Betrieb genommen werden. Monika war das ganz und gar nicht recht, aber sie beugte sich dem Wunsch der Eltern ihres Wunderkindes. Ja, sie hatte schon lange das Genie in ihm erkannt und war nun froh, dass alles nach Snoopys Wünschen lief.

Kaum war die Limousine auf dem Parkplatz des Ausbildungszentrums vorgefahren, kam auch schon der Leiter, um die adelige Gesellschaft zu begrüßen. Herr Hoppe, der Chef des Ausbildungszentrums, war sehr höflich und freundlich, ohne sich unterwürfig zu präsentieren, im Wissen um die adelige Gesellschaft, die vor ihm stand. Er konnte allerdings nur sehr schwer das Entsetzen verbergen, das ihn beim Anblick des neuen Schülers Dietrich von Tecklingsburg erfasst hatte. Schnell bat er die Gäste in sein Büro. Um seine Verlegenheit zu verbergen, ging er vor und hatte so Gelegenheit, ihnen den Rücken zuzuwenden.

Es gab nun einiges zu besprechen. Baron von Tecklingsburg wünschte nicht, dass Dietrich mit seinem adeligen Namen vorgestellt und angeredet werden sollte. Er befürchtete, dass er von den künftigen Kollegen gemieden werden könnte. Nicht so sehr wegen seiner Behinderungen, sondern eher wegen seiner adeligen Herkunft. Es musste also ein Pseudonym gefunden werden, unter dem er seine Ausbildung und seine spätere Tätigkeit beginnen konnte. Nach einigen missglückten Versuchen einigte man sich auf Mister Snoop, Herr Schnüffler. Das war zwar ein ungewöhnlicher Name, aber was war schon gewöhnlich an Dietrich von Tecklingsburg? Sein Inkognito-Name war gefunden und von allen Anwesenden für gut befunden worden. So startete er voller Eifer und Ehrgeiz in die Welt der Verbrechensbekämpfer, die der Kriminalität, vor allem der Drogenkriminalität, den erbitterten Kampf angesagt hatten. Er war stolz darauf, ein kleines Rad im großen Getriebe werden zu dürfen. Das war mehr, als man jemals hätte erwarten können.

Mister Snoop alias Snoopy alias Dietrich von Tecklingsburg nahm diese praktische Ausbildung sehr ernst. Er lernte schnell die einzelnen Substanzen kennen, die er später erschnüffeln sollte. Einige Düfte kannte er schon, aber es waren unzählige neue Gerüche kennenzulernen, die ihm völlig unbekannt waren. Sein Spektrum, der für ihn erkennbaren Düfte und Gerüche erweiterte sich explosionsartig. Snoopy war aber damit nicht überfordert, denn das war seine Welt, das war seine Bestimmung. Alles, was er lernte, bestätigte ihm, dass er den richtigen Weg gewählt und eingeschlagen hatte.

Trotz dieses ungewöhnlichen Lerneifers zog sich diese praktische Ausbildung über zwei Jahre hin. Er war 19 Jahre alt, als er seine Abschlussprüfung mit Bravour meisterte und mit Auszeichnung bestand. Seinem Einsatz stand jetzt nichts mehr im Wege.

Ein kleines Problem tauchte kurzfristig noch auf, konnte aber schnell gelöst werden. Seine Dienstkleidung bereitete ein wenig Kopfschmerzen. Dadurch, dass er nicht aufrecht gehen konnte und sich nur auf allen vieren fortbewegen konnte, stand für ihn auch keine fertige Dienstkleidung zur Verfügung. Seine Uniform, die er immer mit Stolz tragen würde, müsste speziell für ihn angefertigt werden. Das war kein Problem für Trudel, die Schlossnäherin, die schon seit Jahren seine Bekleidung und Unterwäsche auf Maß anfertigte. Man stellt ihr eine Musterkleidung zur Verfügung, an der sie sich orientieren konnte, und sie schneiderte im Handumdrehen eine ganze Serie von Security-Uniformen für ihn. Snoopy gefiel sich selbst in dieser seiner Arbeitskleidung. Schuhe mussten im Moment nicht extra für ihn hergestellt werden, denn er verfügte über mindestens 20 Paar extra für ihn maßgefertigte Lederschuhe. So war dieses kleine Bekleidungsproblem schnell gelöst und sein erster Arbeitstag wurde mit Spannung erwartet.

Monika, die den Löwenanteil an seiner Entwicklung vom dreijährigen schwerstbehinderten Kleinkind bis zum selbstbewussten erwachsenen Drogenfahnder für sich verbuchen konnte, blieb bescheiden im Hintergrund, als die Lobeshymnen auf ihn gesungen wurden. Sie stand weiterhin fest an seiner Seite, ohne die Lorbeeren für sich in Anspruch zu nehmen. Eine öffentliche Anerkennung wurde ihr erst zuteil, als Snoopy mit dem Bundesverdienstkreuz am Bande ausgezeichnet wurde.

Nun war er endlich da, Mister Snoops erster Arbeitstag. Er war den Beamten der Zollkontrolle zugeteilt worden, die sich zwar über ihren merkwürdigen Drogenfahnderkollegen wunderten, ihn aber akzeptierten, so, wie er war. Viel Zeit zum Nachdenken hatten sie sowieso nicht, denn Koffer um

Koffer stauten sich fast auf dem Kontrollband.

Snoopy startete seinen Kontrollgang entlang des Transportbandes und schon nach wenigen Minuten hatte er ein Objekt mit verdächtigem Geruch ausgemacht. Er informierte Monika, die etwas abseitsstand, auf telepathischem Weg über den verdächtigen Koffer und die Zollbeamten unterzogen Koffer und Besitzer einer eingehenden Untersuchung im angrenzenden Kontrollraum. Ja, Mister Snoop war fündig geworden. Die gut versteckten und getarnten Substanzen wurden gefunden und die Menge der sichergestellten Drogen erforderte die sofortige vorläufige Festnahme des Kofferinhabers. Die Handschellen klickten und Snoopys erster Erfolg fand allgemeine Anerkennung bei den kontrollierenden Zöllnern. Sein größtes und wertvollstes Lob erhielt er von Monika, die wusste, wie stolz er auch selbst über seinen ersten Erfolg war.

Snoopy arbeitete an vier Tagen pro Woche und seine Erfolgsquote erreichte innerhalb weniger Wochen einen Höchststand, wie es ihn auf diesem Flughafen bisher noch nicht gegeben hatte. Die Erfolge sprachen sich schnell beim gesamten Flughafenpersonal rum, und man hatte sich mittlerweile an sein merkwürdiges Aussehen und an seine ungewöhnliche Art der Fortbewegung gewöhnt. Man erschrak nicht mehr, wenn man ihn auf allen vieren durch die Hallen sprinten sah, man begegnete ihm freundlich und hilfsbereit. Sein Ruf als exzellenter Drogenfahnder eilte ihm voraus und drang bis in die höchsten Chefetagen. Eyck van Lommel war stolz auf ihn und er bereute es nicht eine Sekunde lang, Dietrich in diese Ausbildung vermittelt zu haben.

Bald wurden auch Presse und Fernsehen auf ihn aufmerksam. Man berichtete über seine sagenhaften Erfolge beim Kampf gegen Drogenkriminalität und sonstigen Schmuggel aller Art. Seine Spürnase hatte sogar mehrfach dazu beigetragen, dass exotische Tiere gerettet werden konnten, die gesetzeswidrig heimlich nach Deutschland transportiert worden waren. Mittlerweile wurde er nicht nur am Kofferband der

Zollbeamten eingesetzt, sondern auch in den Hallen, in denen Frachtgut aus aller Herren Länder zwischengelagert wurde.

Sein bisher spektakulärster Schnüffelerfolg war das Lokalisieren eines Containers, in dem zwischen 500 kg feinsten Weizenmehls 100 kg Heroin versteckt waren. Dieser Fund erregte sogar bundesweites Interesse und alle namhaften Zeitungen und Fernsehstationen berichteten über diesen tollen Erfolg der Drogenfahnder. Ein geheimnisvoller Mister Snoop sollte den entscheidenden Hinweis geliefert haben, der dann zur Entdeckung der Drogen geführt hatte. Ja, es war Mister Snoops Tip, der den anderen Fahndern den Ruhm eingebracht hatte.

So arbeitete Mister Snoop zuverlässig und äußerst erfolgreich als Schnüffler, der in der Lage war, alle Transportbehältnisse zu lokalisieren, die auch nur Spuren von verdächtigen Substanzen oder verbotenen Waren enthielten. Anders als Hunde, die auf anderen Flughäfen eingesetzt werden, war er ein Mensch mit Hirn und Verstand. Er war nicht nur auf seine Nase angewiesen, sondern eignete sich in seiner Freizeit weiter Kenntnisse an über Waren mit Einfuhrverboten und sonstigen gesetzlichen Beschränkungen. Er war dadurch auf dem neuesten Stand der jeweiligen Gesetzeslage. Auf dieser Grundlage erkannte er immer wieder verbotene Waren, die beschlagnahmt und vernichtet wurden. Dabei waren Produktfälschungen, falsche Markenwaren, unerlaubte Lebensmittel und vieles mehr. Mister Snoop hatte sich im Verlauf seiner Tätigkeit zu einem Allroundtalent entwickelt, dem nichts so leicht entging. Was für eine Karriere.

Monika, die ihm wie ein Schatten überallhin folgte, hatte manchmal Angst um ihn. Sie befürchtete, dass die kriminellen Machenschaften, denen er fast täglich einen Riegel vorschob, eines Tages zu Racheakten gegen ihn führen könnten. Hinter dem Drogenschmuggel und -handel standen gefährliche Kartelle, denen es ein Dorn im Auge war, dass ein Behinderter ihnen einen Teil ihres Gewinns entzog. Diese Angst saß Monika im Nacken und sie geriet mehr als einmal in Panik, wenn sie ihn aus den Augen verlor.

Seinen spektakulärsten Auftritt hatte er im dritten Jahr seiner Tätigkeit.

In den USA war ein berüchtigter Pate, der kolumbianische Drogenboss Arturo Velasques, verhaftet worden. Ein großer Drogendealerring war aufgeflogen und dem Rauschgiftdezernat in den Staaten waren mehrere Tonnen Drogen aller Art in die Hände gefallen. Wow, Glückwunsch, Mister Snoop war tief beeindruckt und verfolgte die Berichte darüber in Presse und Fernsehen. Er verfügte nicht nur über ein exzellentes Gedächtnis, sondern er hatte, wenn es um Personen und Gesichter ging, sogar ein fotografisches Gedächtnis. So manches Mal erkannte er auf dem Flughafen Personen, die per Steckbrief gesucht wurden und die noch auf dem Flughafen von der Security vorläufig festgenommen werden konnten. Sie wurden normalerweise in der flughafeneignen Gefängniszelle untergebracht, bis sie von der Polizei abgeholt wurden. Sein fotografisches Gedächtnis war sogar so weit entwickelt, dass er die gesuchte Person erkennen konnte, selbst wenn sie ihr Aussehen stark verändert hatte.

Snoopy verfolgte mit riesigem Interesse die Berichterstattung über diesen Schlag gegen die Drogenmafia in den USA. Dann kam die Schreckensnachricht, Arturo Velasques war entkommen. Er war mit Waffengewalt aus einem Gefangenentransporter befreit worden. Es waren zwei tote Polizisten zu beklagen, aber Velasques war frei und untergetaucht. Fahndungsaufrufe brachten keinen Erfolg, Velasques blieb unauffindbar. Mister Snoop war empört und Monika war besorgt. Sie hatte Angst um Snoopy und wähnte ihn in großer Gefahr. Wieder einmal hatte sich gezeigt, dass das Drogengeschäft Schwerstverbrecher hervorbrachte, denen das Leben eines Menschen nicht einen Pfifferling wert war. Ihre Angst war also nicht unbegründet. Wer hatte hier auf dem Flughafen und in den Lagerhallen schon so manchen lukrativen Deal vereitelt? Snoopy. Mister Snoop Snoopy verstand ihre Ängste zwar, war aber nicht gewillt, seine erfolgreichen Aktivitäten auf dem Flughafengelände einzuschränken. Wenn wenig zu schnüffeln war, beschäftigte sich Mister Snoop mit dem Beobachten von Menschen, die ankamen oder abreisten. Selbst bei dieser Ersatzbeschäftigung entdeckte er hin und wieder gesuchte Straftäter und manches Mal auch Taschendiebstähle. Er kümmerte sich schnüffeltechnisch auch um herumstehendes scheinbar herrenloses Gepäck und er konnte nicht verstehen, wieso Menschen ihr Eigentum nicht besser vor Diebstahl schützen würden. Er erkannte auch die Unfallgefahr, die von solch rumstehenden Gepäckstücken ausging.

Einige Wochen waren seit dem spektakulären Ausbruch des Drogenbosses in den USA vergangen. Es gab noch einmal einen weltweiten Fahndungsaufruf, der aber auch keinen Erfolg brachte, und dann ebbte das Interesse an dieser Sache ab. Man hörte, sah und las nichts mehr darüber. Zwei ermordete Polizisten waren vergessen, die Welt drehte sich noch und die Karawane zog weiter. Ja, die Welt hatte vergessen, Snoopy aber nicht. In ihm war die Empörung noch lebendig.

Er freute sich immer aus tiefstem Herzen, wenn seine Schnüffelnase mal wieder dafür gesorgt hatte, dass ein Täter seiner gerechten Strafe zugeführt werden konnte.

Wieder einmal war einer jener langweiligen Arbeitstage mit wenigen Herausforderungen angebrochen. Snoopy beobachtete gerade die Passagiere einer ankommenden Maschine aus Manila. Es waren vorwiegend Filipinos, die die Zollhalle betraten, einige Geschäftsleute konnte er ausmachen und ein paar Touristen, genau die Passagiere, die man beim Aussteigen aus einer filipinischen Maschine erwarten würde. Er taxierte sie mit seinem Kennerblick und wollte sich gerade abwenden, als es ihn wie ein Blitz durchfuhr. Velasques. Er hatte sich unter die Touristen gemischt in der Hoffnung für einen solchen gehalten zu werden. Snoopy hatte ihn erkannt. Velasques hatte sein Aussehen zwar stark verändert, aber Snoopys fotografisches Gedächtnis konnte niemand täuschen. Es nutzte dem Verbrecher wenig, dass er seine Haarfarbe geändert hatte, dass er Bart trug und das rechte Bein nachzog, wie ein genesener Schlaganfallpatient. Mister Snoop hatte ihn erkannt.

Sofort teilte er Monika seine Beobachtung mit und diese informierte umgehend die Männer der Security, die sich zunächst einmal unauffällig der Person näherten, ohne von diesem erkannt worden zu sein. Er führte außer einer kleinen ledernen Aktenmappe kein Handgepäck mit sich und steuerte mit sicheren selbstbewussten Schritten auf das Kofferlaufband zu. Hier musste er ja notgedrungen stehen bleiben, um auf seinen Koffer zu warten. Für die beiden Securityleute war das die beste Gelegenheit, ihn zu ergreifen und dingfest zu machen.

Aber während sie sich ihm näherten, erkannte oder erahnte Velasques die Gefahr, in der er schwebte. In dem Augenblick näherte sich ihm sein Koffer auf dem Laufband. Er ergriff ihn und schleuderte ihn den beiden Sicherheitsleuten entgegen, die ihm schon gefährlich nahegekommen waren.

Der schwere Koffer brachte beide Männer zu Fall. Sofort erkannte Velasques seine Chance, sich durch Flucht dem Zugriff zu entziehen. Beim Wegrennen drehte er sich noch einmal um, zog eine Pistole und gab drei Schüsse auf die Männer ab, die gerade wieder auf die Beine gekommen waren. Einer der Männer wurde durch einen Schuss an der Schulter getroffen, was zur Folge hatte, dass er wieder stürzte. Der andere kümmerte sich kurz um seinen Kollegen. Als er sah, dass jener nicht lebensgefährlich verletzt war, nahm er die Verfolgung auf. Der Drogenbaron hatte durch den Zwischenfall einen riesengroßen Vorsprung und er wäre mit Sicherheit entkommen, wenn … ja, wenn Mister Snoop nicht eingegriffen hätte.

Monika, die Snoopy im Auge hatte, war einem Zusammenbruch nahe, musste sie doch zusehen, wie ihr Schützling es mit einem Schwerstverbrecher aufnahm und sich ihm in den Weg stellte. Nein, ganz so war es nicht. Snoopy hätte so etwas Dummes niemals gemacht. Ihm fielen blitzartig die herrenlosen Gepäckstücke ein, deren

Anwesenheit er eben noch so scharf verurteilt hatte. Jetzt war er dankbar dafür, dass diese Gepäckstücke in greifbarer Nähe standen. Der flüchtende Drogenboss hatte Mister Snoop noch nicht entdeckt. Er rannte genau in die Richtung, in der Snoopy hinter einem Rollkoffer lauerte und ihn im richtigen Moment in die Laufbahn des flüchtenden Verbrechers rollte. Velasques stürzte über diesen Koffer, der ihm scheinbar ganz von alleine rollend den Fluchtweg versperrt hatte. Beim Fallen ließ Velasques die Pistole los und sie landete scheppernd auf dem glatten Boden, auf dem sie noch einige Meter weiter schlitterte. Für ihn war sie unerreichbar. Während er versuchte, wieder auf die Beine zu kommen, wurde er schon von hinten gepackt, hochgerissen und dann wieder zu Boden gebracht, Hände auf den Rücken, und schon klickten die Handschellen.

Mister Snoop hatte den meistgesuchten Verbrecher der ganzen Welt unschädlich gemacht.

Die drei Securityleute, die ihren Kollegen zu Hilfe geeilt waren, hatten ganze Arbeit geleistet. Velasques war jetzt so auf dem Boden gesichert worden, dass er sich nicht mehr rühren konnte. Man wartete jetzt auf das Eintreffen der Polizei, die ihn dann abführen konnte. Velasques wusste nicht, was ihm geschehen war. Seinen Kopf hatten sie zur Seite gedreht und er glaubte, ein Gespenst zu sehen, als er Snoopy sah. Diese Kreatur sollte den mächtigsten Paten der gefasst haben? Nein, das konnte und wollte Velasques nicht wahrhaben.

Monika, die die ganze Szene mit ansehen musste, eilte zu Snoopy und wollte ihn aus der Gefahrenzone bringen. Sie wurde aber gebeten, Mister Snoop dort zu lassen, wo er sich gerade befand, von wo aus er die Flucht des gefährlichsten Verbrechers der Welt vereitelt hatte. Der Schauplatz der ganzen Aktion sollte unverändert bleiben, bis die Polizei den Ort und die Umstände des spektakulären Ereignisses erfasst und mit Fotos usw. dokumentiert hatte.

Mittlerweile waren auch, Presse, Rundfunk und Fernsehen vor Ort und berichteten live von der spektakulären Festnahme des

Drogenbosses. Dabei wurde vor allem mit Lob für Mister Snoop nicht gespart. Ohne seinen siebten Sinn und ohne sein phänomenales Personengedächtnis hätte Velasques wohl unbehelligt nach Deutschland einreisen können.

Als der Rummel um die Verhaftung beendet war, konnte Monika endlich ihren Schützling Snoopy in die Arme schließen. Trotz der Angst, die sie um ihn ausgestanden hatte, war sie unheimlich stolz auf ihn. Er, dem in seiner frühen Kindheit eine so schlechte Prognose gestellt worden war, hatte nun der ganzen Welt bewiesen, dass körperliche Behinderungen kein Grund sind, geistige Entwicklung zu fördern. In den nächsten Tagen und Wochen bekam Mister Snoop keine Ruhe mehr. Er wurde von allen Fernseh- und Rundfunksendern im deutschsprachigen Raum um Interviews und Teilnahme an Gesprächsrunden gebeten. Die Begeisterung kannte keine Grenzen mehr, selbst aus den USA kamen Anfragen und Einladungen. Die Sicherheitsabteilung des Flughafens musste ihn für ein bis zwei

Wochen freistellen. Da das Interesse an ihm riesengroß war und an ein störungsfreies Arbeiten im Moment nicht zu denken war, fand man, dass die Freistellung die beste Lösung sei.

Seine mutige Tat und sein schweres Schicksal rührten die ganze Nation. Seine Unerschrockenheit und seine anderen Verdienste zum Wohl der Allgemeinheit wurden bis zum Bundespräsidenten nach Berlin getragen. Einige Organisationen wie z.B. Behindertenverbände schlugen vor, ihm für seine Dienste das Bundesverdienstkreuz am Bande zu verleihen. Wem sonst sollte als Dank diese hohe Auszeichnung zuerkannt werden? Durch die Vielzahl der Vorschläge wurde ein Stein in Rollen gebracht, der mit solch einer Intensität den Bundespräsidenten noch nie zur Verleihung eines Verdienstkreuzes angeregt hatte. Als alle Gremien und Institutionen der Verleihung dieser hohen Auszeichnung zugestimmt hatten, wurde die Einladung zu einer feierlichen Übergabe an Dietrich von Tecklingsburg verschickt.

So sehr Snoopy und Monika sich auch über diese Ehre freuten, so problemlos war die Annahme doch nicht. Dietrichs Inkognito würde auffliegen. Jeder würde erfahren, dass er nicht einfach Mister Snoop war, sondern Dietrich von Tecklingsburg. Würde er nach dieser öffentlichen Verleihung des Bundesverdienstkreuzes noch ungehemmt seiner Arbeit am Flughafen nachgehen können? Oder würden die Kollegen ihn meiden? Das musste alles wohl überlegt werden. Auch Monika sowie Dietrichs Eltern und Geschwister würden in den Strudel öffentlichen Interesses geraten. Man weiß ja, dass das oft zu großen Problemen führen kann.

Es bedurfte noch einiger klärender Gespräche mit den Betroffenen bevor Dietrich und Monika sich entschlossen, die Ehrung anzunehmen.

Außerdem von Monika Leonhardt erschienen:

Helle Tage – Dunkle Tage
Kurzgeschichten
ISBN 978-3-98527-717-9
10,95 Euro
158 Seiten